KB262646

일본 중세 불교 설화

– 발심집(發心集) 譯

불광출판부

역대 불교계의 구원한 불전(佛典)
고금 학계·문화계의 영원한 보전(寶典)

실로 값진 책이 적임자를 만나 번역·출간되는 것은 참으로 뜻깊은 일이다. 저 일본의 보배로운 불서 『발심집(發心集)』이 한국의 정예 학자에 의하여 번역·출간되는 바가 바로 그것이다. 그다지 저명한 이 책이 한국에서는 생소하기에, 그것은 참신한 충격으로 받아들여질 수밖에 없다. 그것은 한국 불교계나 학계에서도 그만큼 소중한 원전이기 때문이다.

이 『발심집(發心集)』은 일본 중세의 유명한 은둔·수행자로서 『방장기』 같은 불교수필과 『무명초』 같은 가론서를 지어 남긴 압장명(鴨長明)이 수집·편찬한 불교설화집이다. 그는 생애의 불운기를 겪으면서 무상을 절감하고 은둔생활을 하는 가운데, 마침내 불법에 귀의할 것을 발심하고, 상당 기간 승려와 신중의 불교설화를 정성껏 모아서 이 『발심집』을 편찬한 것이다. 그는 스스로 "나의 어리석은 마음을 반성한즉 일부러 심원한 불법을 찾으려고 하지 않는다. 잠시 눈과 귀로 확인한 것을 써 모아서는 몰래 자신의 가까운 곳에 놓는다."고 그 편집의 동기와 편찬 과정을 겸허하게 고백하고 있다. 그래서 이 책은 그의 발심·정진을 위해서, 즉 남들의 발심·수행을 도우려고 만든 것이라 볼 수도 있었다.

그러나 이 책은 편자가 타계하고 세상에 공개되면서, 의외의 반응과 예상밖의 평가를 받게 되었다. 그 당시나 후대의 불교계나 신중들 그리고 일반민중들 사이에 구비·문헌 등으로 널리 유통되면서, 불교설화나 승·속간 신행담의 역할을 다하였던 것이다. 나아가 그것은 편자 압장명을 근거로 하여, 그 전후 시대의 불교사를 반영하고 불교신행사 내지 불교문화사를 드러내고 있었던 터다. 그리하여 역대 불교계나 신도들 또는 민중들은 이 책을 발심·신행의 교범으로 삼아 재미있고 감명깊은 설화로서 수용하였다. 한편 학계에서는 이 책을 불교학·불교사 내지 불교문학·불교문화사 등의 측면에서 깊이 연구하게 되었다.

실제로 일본 학계에서는 이 책에 내함되어 있는 불교

사상을 탐구·체계화하고, 그 속에 등장하는 고승들의 행적을 역사적으로 추스려 승전사·교단사의 단면을 탐색하려고 한다. 여기서 성황을 보이는 것은 이 책을 불교설화집으로 전제하고 일본불교설화를 깊이 있게 연구하는 측면이다. 따라서 이 책은 일본 중세불교설화론의 중심에 자리하고 있다. 이것이 중세불교설화의 핵심·주축을 이루고 있기 때문이다. 기실 이 책에 대한 불교설화적 연구는 설화학적 측면에서 전문화되기도 하지만, 설화문학으로 고찰되는 것이 더욱 중시된다.

그리고 이 불교설화와 문화의 관계로까지 확대·검토되는 것이 바람직한 방향인 것 같다. 그리하여 이 책은 역대 불교계·신중들의 구원한 불전이요, 고금 학계·문화계의 영원한 보전으로 행세하여 왔다.

이 『발심집』은 무심히 바라볼 때, 한국의 불교설화를 읽는 것과 그 감회·상념이 비슷하다. 일본의 시간·공간을 명시하지 않으면, 한국의 어떤 불교설화집이라 착각할 수도 있겠다. 가령 『삼국유사』에 실린 불교설화·고승별전 등과 대비하면, 그 유사성에 놀라게 될 것이다. 이런 불교설화를 중심으로 보면, 한국 중세불교설화론의 핵심·주류가 바로 『삼국유사』라는 추정까지도 가능할 터다. 그렇다면 한국 불교계와 신중들도 가능한 대로 일찍이 이 『발심집』 같은 불교문헌을 족히 수용할 수도 있었고, 한국 학계에서도 이 원전을 비교 연구할 여지가 얼마든지 있었던 것이다.

　일본에서의 한국불교 수용과 『삼국유사』 같은 문헌의 연구가 고금을 통하여 성행하고 있는 점은 시사하는 바가 크다. 적어도 역대 한·일불교·불교문헌·불교문화의 교류사는 그 연구의 질량과 수준에 따라, 크게 진척되고 높은 성과를 올릴 것이기 때문이다.

　놀랍게도 한국에 아직껏 소식이 없던 『발심집』이 일본 불교문학의 정예 학자 류희승에 의하여 국역되고 발행되기에 이른 것은 이런 점에서 획기적인 일이라 하겠다. 이 류희승 학자는 한국 학부에서 영문학의 기초를 닦고, 부전공으로 하던 일본불교문학을 대학원에서 전공하였다. 나아가 일본에 유학하여 다시 불교문학으로 석사학위를 받고, 이어 박사과정을 역시 불교문학으로 이수하였다. 그 학위 논문 주제로 잡은 것이 바로 『발심집』이었다. 그동안 일본 불교설화에 대한 검토와 장명의 다른 작품을 섭렵·연구한 기반 위에서, 그 남다른 연구 역량과 열정을 오로지 『발심집』에 집중하여 벌써 몇 편의 독특한 논문을 한·일 학술지에 내어 놓았다.

　이러한 연구 도정에서 살피고 따지며 이리저리 재어 보면서, 이 책의 낱말·문장 등을 올바로 해석하고, 나아가 문단과 전체를 통관하여 빈틈없는 한역을 이룩한 것이

6

다. 그래서 이 번역은 겉으로 번지르르하고 화려한 그것
과는 상당히 다르다. 그 각고와 정공으로 하여 원의에 충
실하되, 한국어의 묘처를 발휘하여 생동하는 문체를 얻었
기 때문이다.

이 번역본은 『발심집』의 여러 이본을 대교하면서, 그
중의 믿음직한 '경안본(慶安本)'을 원전으로 택하였다. 이
것은 역자가 이를 전공하기 때문에 가능한 역서의 신빙성
이라 본다. 그리고 역자는 여기에 겸허를 더하여 일본 학
계나 독서계에서 공인하고 있는 기존의 주석서를 참고하
고 있다. 실제로 이 번역서는 '경안본'의 전부를 그대로
국역한 것이 아니다.

역자가 이 『발심집』에 대한 전문가적 안목으로써, '경
안본'의 20분야 102화 중에서, 정수만을 뽑아 3부류 56
화로 개편·번역하였기 때문이다. 그러면서도 각개의 설
화들은 원문에 충실하고 아름답게 한역되어, 한국 독자나
학자들이 부담없이 접할 수가 있을 것이다.

이러한 불교설화집의 한역·출판은 뜻있는 모든 사람
에게 감회가 새로울 수밖에 없다. 오랜 기간 각고 면려의
결과로 이 번역서를 내어 놓은 역자는 감개가 무량할 것
이다.

"백제시대 일본에 전파된 불교는 그곳의 기후와 풍토
에 맞게 발달해 왔다. 그럼에도 불구하고 우리 나라에서

는 아직 일본의 불교설화집이 번역되어 있지 않은 실정이다."

그래서 한·일 문화교류의 현장에서, 양국 불교설화가 널리 읽혀지기를 역자는 간절히 바란다.

실로 이 『발심집』 정도의 불교문헌이 지금 번역·소개되는 것은 너무도 늦은 감이 있다. 더구나 그것도 청년 정예 학자에 의하여 시도되었으니, 한편 미안하고 대견할 따름이다. 이렇게 값진 문헌을 계속 발굴·연구하고 번역·소개하기를 격려하고, 기대해 마지 않는다. 이에 관심있는 우리 모두가 이를 즐겨 읽고, 깊이 연구하도록 권장하고 싶다.

2002년 4월　일
충남대 명예교수　史在東

8

『발심집』은 일본 중세불교설화집의 고전

이 책을 번역한 류희승 선생은 동국대학교에서 영문학과를 졸업하고 일문학과 대학원에 진학하여 일본 불교문학 관련 논문으로 석사학위를 마치고, 학교의 장학생으로 일본에서 8년의 오랜 유학을 통하여 석사와 박사과정에서 정통의 불교문학을 전공한 흔치 않은 연구자의 한 사람이다. 석사 과정의 지도 교수로서 그와 인연을 맺은 나는 그의 학문적 열정에 큰 기대를 가지고 그를 지켜왔던 바, 이런 좋은 자료를 번역하여 한국에 소개하려 한다는 소식을 접하고 기쁜 마음으로 추천의 말씀을 적는 바이다.

일본은 우리 한국 땅을 거쳐 전해 받은 불교를 중심으로 오늘의 세계적 문화를 이룩한 나라인 것을 우리 모두

가 잘 아는 일이지만, 특히 풍부한 불교 관련 자료와 대장
경의 정리와 연구로 이제 세계 불교 연구의 한 중심을 이
루어 온 것을 인정하지 않을 수 없다. 특히나 불교문학의
연구가 참으로 앞서 있는 가운데도 부러울 만큼 풍부한
불교문학의 자료가 잘 보전되고 정리되어 있다. 그 가운
데 여기 소개하는 『발심집(發心集)』은 일본 중세의 대표적
불교설화집으로, 이를 전공한 류선생이 자기의 전공영역
인 이 설화집을 번역하여 처음으로 한국에 소개하게 된
것은 참으로 뜻이 있고 반가운 일이 아닐 수 없다.

　『발심집(發心集)』의 지은이 압장명(鴨長明)은 절을 가진
신관의 차남으로 태어나서 전도가 양양했다. 그러나 십대
후반에 부친이 돌아간 뒤에, 여러 우여곡절을 겪으면서
이 혼란된 중세를 지켜 보면서, 1208~1214년에 일본 중
세 수필의 대표작인 『방장기(方丈記)』, 가론서(歌論書)인
『무명초(無名抄)』 등과 함께, 불교설화집인 이 『발심집』을
펴냈다. 그 가운데 특히 『발심집』은 승려 및 신도들의 불
교 설화를 수집한 것으로, 편집한 주된 의도는 지은이 스
스로 불교에 대한 마음을 일으키기 위한 발심을 갖기 위
해 편찬한 것이다. 곧 세상의 번뇌에 이끌리는 자신의 마
음을 경계하고, 불교에 정진하려는 뜻에서 이 책을 편집
하게 되었다고 한다.

　지은이는 현명한 사람의 행동을 보고는 그것이 나에

게는 매우 힘든 일이더라도 그렇게 하고 싶다고 원하는 계기로 삼고, 어리석은 사람들의 행동에 관한 이야기는 자신을 반성하는 계기로 삼기 위해 수집했다고 밝히고 있다.

역자는 『발심집』의 세 종류의 전본을 비교, 검토하여 그 중 경안본의 설화를 분류 발췌해서 번역하고, 특히 역자가 석·박사 논문을 쓰면서 외우도록 읽고 비교 검토했으며, 폭넓게 연구해 온 이 자료를 한국 독자에게 읽히고 싶다는 발원을 이루었다. 그의 말처럼 백제시대 우리 조상들이 일본에 전해준 불교라는 친근성에도 불구하고 우리 나라에서는 아직 일본의 불교 설화집이 하나도 번역되어 있지 않은 실정을 안타까워하면서, 공덕으로 이를 번역하여 한국의 불교신도와 독자들에게 이바지한 것이다.

이런 번역자 류선생의 발원이 이룩된 것을 독자 여러분과 함께 보람으로 기뻐하며, 이를 출판하시는 불광출판부 여러분께도 치하의 말씀을 드리며 몇 마디 소감을 적는 바이다.

한·일 월드컵이 열리는 해의 새 봄에
남산 붓골 서재에서
동국대학교 국문학과 교수 긴내 김태준

　　역자는 동국대학교 영어영문학과에 재학하던 중 불교 문학에 관심을 갖게 되었으며, 그 중에서도 우리 나라에서 불교를 전파해준 나라인 일본의 불교문학에 흥미를 갖게 되었다. 일본은 우리와 지리적·역사적으로 가까운 나라인데도 우리 세대가 일본 불교문학을 그리 많이 연구하지 않는다는 것을 알게 되었다.

　　그래서 대학원은 일어일문학과 석사 과정으로 진학했으며 일본 불교문학을 더욱 깊이 연구하려면 역시 일본에 가서 일본의 역사와 문화를 함께 공부하는 것이 중요하다고 느껴 일본에 유학하게 되었다.

　　일본에서 석·박사 과정의 연구 테마로 중세 불교설화집의 대표작인 압장명(鴨長明)의 『발심집(發心集)』을 중심으로 전본(傳本)을 주로 비교·검토했으며, 불교설화를 폭넓게 연구했다.

　　『발심집』이 쓰여진 시대적 상황인 평안(平安) 말기에서 겸창(鎌倉) 초기는 대화재·홍수·기근·질병·전란 등이 일어나 민심이 동요되고 혼란스러웠다. 이 때 불교는 쇠망과 파탄 속에 빠져서 교단 상호간에 상극 투쟁을 하는 일도 종종 일어났다. 이리하여 양심 있는 승려는 세상을 피해 은둔, 자기의 해탈에 이르는 길을 택했다. 장명의 『발심집』은 승려 및 재가신도들이 이러한 세상에 무상함을 느껴 출가하는 과정과 영험, 왕생의 설화들로 구성되어 있다.

『발심집』의 편자인 장명은 1155년에 하압사(下鴨社)의 신관인 장계(長繼)의 차남으로 태어나서 유년시절에는 전도가 양양했다. 그러나 십대 후반에 부친이 사망한 후에 장명의 장래는 어두워지기 시작한 듯하다. 결정적으로 장명이 은둔한 계기가 된 것은 오십대에 하압사의 인사 이동에 실패한 사건이다. 장명은 대원(大原)에 5년 동안 은둔했으나 후에 일야(日野)로 이주했다.

일야에 은둔하는 동안(1208~1216년) 그는 불교설화집인 『발심집』과 중세 수필의 대표작인 『방장기(方丈記)』 및 가론서(歌論書)인 『무명초(無名抄)』 등을 편찬했다. 그 가운데 『발심집』은 승려 및 신도들의 불교설화를 수집한 것으로서, 이 책을 편찬한 주된 의도는 장명 자신이 불교에 대한 신심을 일으키기 위해서이다.

『발심집』은 경안(慶安) 4년(1651년)의 판본인 경안본

(慶安本) 102화, 관문(寬文) 10년(1670년)의 판본인 관문본 (寬文本) 102화, 신궁문고(神宮文庫)에 소장된 5권본의 사본(寫本)이 있으며, 62화의 설화로 구성되어 있다.

역자는 『발심집』 세 종류의 전본을 비교·검토하는 중에 자연히 원문을 번역하게 되었다. 그 중에서 『발심집』의 번역을 위해 경안본을 택했으며, 경안본에 존재하는 몇 군데의 오탈(誤脫)을 관문본, 신궁본을 비교하여 교정해서 번역하였다. 지면 관계상 경안본의 설화는 역자가 임의로 세 부분으로 분류하여 발췌해서 편집했다.

이 번역은 일본의 주석서인 『방장기·발심집』〔신조사 (新潮社), 명치서원(明治書院)〕에서 출판된 것을 저본으로 하였으며, 이 분야의 대가인 야나세카즈오(簗瀨一雄) 씨와 미키스미토(三木紀人) 씨의 주석을 많이 참고했다.

백제가 일본에 불교를 전해준 이래로 일본불교는 그곳의 기후와 풍토에 맞게 발전해 왔다. 그럼에도 불구하고 우리 나라에서는 아직 일본의 불교설화집이 번역되어 있지 않은 실정이다.

올해는 특히 한·일 공동으로 월드컵이 열리고 문화교류가 활발히 이루어지는 때이다. 이를 계기로 해서 한·일 불교설화도 여러 사람에게 읽혀지길 바라는 바이다. 그런 점에서 역자가 늘 곁에 두고 접했던 『발심집』이 읽기 쉬운 우리 나라 말로 세상에 나와 일본 불교설화를 읽고

싶어하는 이들에게 조금이나마 도움이 된다면 보람 있는
일이라 하겠다.
　끝으로 『발심집』이 출판되기까지 묵묵히 도와주신 여러
분들과 불광출판부에 진심으로 감사드린다.

차례

1장 일부러 자신의 덕을 감춘 스님들의 이야기

2장 일심으로 발원해서 왕생하다

3장 인과 및 영험 이야기

부처님이 설법하신 말씀 중에 다음과 같은 것이 있다.
"스스로 자신의 마음을 조절할지언정 자신의 마음에 이끌
려서는 안 된다."

사람이 일생을 지내는 동안에 마음 속에 일어나는 일
가운데 악업 아닌 것이 없다고 할 수 있다. 머리를 깎고
승복을 입고 세속의 번거로움에 더러워지지 않은 사람조
차 선한 마음은 사슴처럼 매어두기가 어렵고, 악한 마음
은 집안의 개처럼 신변을 떠나지 않는다. 하물며 인과의
도리를 모르고 세속의 명예를 추구하는 어리석음에 빠져
있는 사람은 더욱더 그렇다. 그러한 사람은 다섯 가지의
욕망(색, 성, 향, 미, 촉)에 이끌려서 결국에는 지옥의 밑바
닥에 떨어지게 된다. 사려 깊은 사람이라면 예외 없이 이
것을 두려워할 것이다.

그러므로 어떤 경우든 자신의 생각이 하찮고 어리석은
것을 반성해서 부처님의 가르침대로 마음의 동요를 허락

하지 않는다면, 이 인간 세계에 태어나 금생을 마지막으로 생사의 윤회에서 벗어나 극락정토에 태어날 수 있을 것이다. 그 때문에 이는 목자가 난폭한 말을 끌고 먼 곳까지 가는 것과 같다. 다만 내 마음의 경우 강한 것과 약한 것, 얕은 것과 깊은 것의 차이가 있다. 또한 내 자신의 마음을 관찰해 보면 그것은 특히 선에서 벗어난 것도 아니고 악에서 벗어나려고 하는 것도 아니다. 그것은 바람 앞의 풀잎이 움직이기 쉽고, 또한 물결 위를 비추고 있는 달빛이 정지하기 어려운 것과 같은 것이다. 대체 어떤 방법으로 이렇게 어리석은 마음을 인도하면 좋을까?

부처님은 중생의 마음이 각양각색인 것을 고려하여 인연과 비유로써 설법하셨다. 만약 우리들이 부처님을 뵌다고 하면 그는 어떠한 방법으로 우리를 이끌어 주실까. 지금 훌륭한 사람이 말하는 것을 들어도 나는 그 사람처럼 타인의 마음을 통찰하는 지혜를 지니고 있지 않다. 다만 자신의 분에 만족해서 도리를 깨닫는 것만이 어리석은 자를 가르치는 수단·방법이라고 할 수 있다. 그러므로 설법하는 내용이 훌륭하다고 해도 우리들에게는 이익이 적을 수도 있다.

그래서 나는 나의 어리석은 마음을 반성한즉 일부러 심원(深遠)한 불법을 찾으려고 하지 않는다. 두서없이 보고 들은 것을 기록하고 모아서 다른 사람에게 알릴 것도

없이 다만 자신의 손 닿는 곳에 놓은 것이다. 이것은 현명
한 사람의 행동을 보고는 그것이 나에게는 매우 힘든 일
이어도 본보기로 하고 어리석은 사람의 행동을 보고는 자
신의 비슷한 행동을 고치기 위한 계기로 하려는 것이다.

지금 이 작업을 하는 데 있어서 인도·중국에서 전해
오는 이야기는 우리 나라와 지리적으로 멀기 때문에 이
책에 싣지 않는다.* 또한 부처님과 보살에 관한 설화의 경
우는 내 능력이 미칠 수 없기 때문에 제외했다. 다만 일본
사람이 이해하기 쉬운 이야기를 중심으로 해서 내가 알고
있는 것만을 기록할 작정이다.

그러므로 아마도 오류가 많고 진실은 적을 것이다. 또
한 재조사할 수 없는 이야기의 경우에는 그 곳의 이름과
인명을 기록하지 않는다. 이것을 비유해서 말하면 구름을
손에 쥐고 바람을 잡으려고 하는 것이다. 아무도 이것을
중시하지 않을 것이다. 그러나 다른 사람에게 이것을 믿
어 달라고 하는 것은 아니니까 이와 관련하여 반드시 확
실한 근거를 찾아낼 것도 없다. 길 가에서 주워 들은 하찮
은 이야기를 통해 내가 한 번 마음먹었던 발심을 일으켜
서 평안함을 얻으려고 하는 것뿐이다.

---

*편자인 장명이 일본의 설화만을 싣겠다는 의도임.

1장 일부러 자신의 덕을 감춘 스님들의 이야기

현민 스님이 세상을 떠나서 자취를 감추다

옛날 현민(玄敏) 스님이라는 분이 계셨다. 산계사(山階寺)[1]의 덕망 높은 학승이었는데 세상살이를 싫어하는 마음이 강하고 다른 스님과의 교제 또한 전혀 좋아하지 않았다. 현민 스님은 삼륜(三輪) 하천 주위에 작은 움막을 짓고 사색에 잠긴 채 은거했다. 환무(桓武) 천황의 재위기간 중에 천황이 현민 스님의 소식을 듣고 열심히 부르셨기 때문에 스님은 할 수 없이 머뭇머뭇하면서 천황을 알현했다.

그러나 역시 그것도 탐탁치 않게 생각했기 때문인지 다음의 평성(平城) 천황이 즉위하자마자 대승도(大僧都)[2]에 임명되었지만 곧바로 사퇴하면서, "삼륜 하천의 맑은 물에

---

1) 나량시(奈良市)에 있는 흥복사(興福寺)의 옛날 명칭.
2) 승도(僧都) 중에서 위의 계급. 승도란 승관(僧官)의 하나로 승정(僧正)의 아래 계급

서 깨끗하게 헹군 이 옷의 소매를 두 번 다시 속세에서 더
럽히고 싶지 않습니다."라는 시를 천황에게 헌상했다.

　그리고 나서 이윽고 현민 스님은 자신의 제자와 하인
에게도 알리지 않고 어디론가 멀리 가서 모습을 감춰 버
렸다. 그가 들를 만한 곳은 다 찾아가 보았지만 어디에도
그 모습이 보이지 않았다. 몇날 며칠 수색한 보람도 없이
아무리 찾아도 그의 모습은 보이지 않아 그 주변의 사람
은 물론 널리 세상 사람들이 한탄했다.

　그 후 몇 년이 지나서 현민 스님의 제자가 볼 일이 있
어서 북륙(北陸)3) 지방에 가는데 도중에 커다란 강이 있었
다. 나룻배를 탄 후 문득 뱃사공을 보았다. 짧지만 손으로
잡을 수 있을 정도로 머리를 기른, 법사로 보기에는 매우
지저분한 삼베 옷을 입은 사람이었다. 그 제자는 '웬지 이
상한 사람'이라고 생각하면서도 아무래도 어디에선가 본
것 같아 '누가 이 사람과 닮았을까' 하고 생각해 보던 중
모습을 감춘 지 몇 해가 지난 자신의 스승이라는 생각이
들었다.

　'사람을 잘못 봤는가' 하고 재차 살펴보았지만 스승임
에 틀림없었다. 너무나 슬픈 나머지 제자는 눈물이 쏟아
져 내리는 것을 억누르면서 아무렇지도 않은 척했다. 스
님 쪽도 눈치채고 있는 듯하지만 일부러 이 쪽을 보지 않

---

3) 복정현(福井縣), 북동부, 부산현(富山縣), 신석현(新潟縣)의 대부분.

았다. 스승에게로 뛰어가서 "어떻게 이러한 곳에 계십니까"라고 말하고 싶었지만 사람 눈이 너무나 많아서 스승에게 말을 걸면 오히려 난처해질 것 같아 애써 참았다.

돌아가는 길에 밤중에라도 살고 계신 곳으로 찾아가서 천천히 인사를 하자고 생각해서 그 장소를 떠났고, 볼일을 보고 돌아가는 길에 그 선착장에 와 보니 다른 뱃사공이 있었다. '아차' 하고 눈앞이 캄캄해지고 가슴이 눌리는 듯했지만, 뱃사공에게 자세히 스승에 대해 물어보자, "그러한 법사가 있었습니다. 수년 간 이 곳에서 뱃사공으로 일하셨는데 다른 뱃사공과는 달리 항상 마음을 청정하게 하고 염불만을 외우면서 일일이 운임을 받지 않았습니다. 그 날 그 날 먹을 것 외에는 물건을 탐내는 마음도 없었으므로, 이 마을 사람들도 매우 호감을 갖고 있었습니다. 하지만 어찌된 일인지 돌연 모습을 감추어서 지금은 행선지를 모르겠습니다."라고 말했다.

제자는 어찌할 수 없다고 생각되어서 스승이 행방불명이 된 날을 헤아려 보니, 자신과 만났던 그 날짜와 일치했다. 현민 스님은 자신의 모습이 제자에게 알려진 것을 눈치채고 재차 떠난 것이다.

"이 일은 설화집에도 쓰여 있습니다."라고 어느 사람이 말한 줄거리를 쓴 것이다. 그런데 『고금집(古今集)』의 노래에 이러한 것이 있다.

산에 있는 밭을 지키는 승도(僧都)의 처지를 생각하면 가
슴이 미어집니다.
가을이 지나가 버리면 찾아오는 사람도 없습니다.

이것도 현민 스님의 시라고 한다. 구름이나 바람처럼
온 나라를 방랑했기 때문에 밭 따위를 지킬 때도 있었을
것이다.
얼마 전에 삼정사(三井寺)[4]에 도현(道顯) 스님이라는 분
이 계셨다. 그는 현민 스님의 이야기를 읽고 눈물을 흘리
며, "뱃사공이야말로 정말로 죄를 짓지 않고 사는 길이
다."라고 하면서 호수에 배를 한 척 준비시켰다고 한다.
하지만 그것은 실현되지 않고 배는 허무하게 석산(石山)[5]
의 기슭에서 썩어 없어졌어도 이 사람이 염불한 마음은
역시 귀중한 것이었다.

---

4) 대진시(大津市)에 있는 천태종(天台宗)의 절.
5) 자하현(滋賀縣) 대진시(大津市) 석산정(石山町).

현민 스님이 이하국의 관리 밑에서 일하다

이하국(伊賀國)[6]의 어떤 관리의 처소에 행색이 괴이한 모습을 한 법사가 "저를 고용해 주시겠습니까?"라고 말하면서 홀연히 들어 왔다. 관리가 이 법사를 보고 "당신 같은 스님을 써서 어떻게 하겠소? 전혀 쓸모가 없어요."라고 말했다. 법사가 "나는 비록 법사지만 보통의 남자와 다를 바가 없습니다. 내가 할 수 있는 일이라면 뭐라도 하지요."라고 말하자 관리는 "그렇다면 좋소."라고 말하면서 그 법사를 쓰기로 했다. 그날부터 법사는 기뻐하며 매우 성실히 일했기 때문에 관리는 특별히 자신이 아끼는 말을 그에게 맡겨서 보살피도록 했다.

이렇게 법사가 관리의 집에서 일한 지 삼 년 정도 지났

---

6) 지금의 삼중현(三重縣) 북서부.

을 때 관리는 군수에게 조금 잘못 보여 이하국에서 쫓겨나게 되었다. 관리는 아버지, 할아버지 때부터 이하국에서 살았기 때문에 소유물과 땅이 많았고 그만큼 하인도 많았다. 다른 나라에서 정처 없이 유랑하는 것은 매우 슬픈 일이었지만 관리는 어찌할 방도가 없어 울면서 고향을 떠나게 되었다.

법사가 어떤 사람에게 "주인에게 무슨 곤란한 일이 일어났습니까?"라고 하자 그는 "그런 일을 당신 같은 사람이 들어서 무엇하겠나?"라고 매정하게 대답했다. "어떻게 신분이 천하다고 해서 무관할 수 있겠습니까? 주인에게 의지한 지 몇 해가 되었습니다. 그러한 이유로 차별하는 것은 별로 좋지 않습니다."라고 하며 진심으로 물었기 때문에 그 사람은 사건이 일어난 대로 전후 사정을 법사에게 말해주었다.

법사가 사건의 자초지종을 듣고 관리를 찾아가 말하길, "제가 말씀드린 것을 반드시 들어주셔야 하는데, 어떻게 해서든 서둘러서 이 곳을 떠나지 않으면 안 됩니다. 세상에는 뜻밖의 일도 있습니다. 우선 수도로 올라가서 이 사건의 진상을 호소하되 그래도 잘 되지 않는다면 그 때야말로 어디에라도 가십시오."라고 했다.

사태를 잘 모르는 사람들은 '초라한 하인 주제에 주인에게 대단한 방도를 말해주네. 별일이야.' 라고 이상하게 생각했다. 관리 역시 법사가 말하는 것을 그대로 믿는 것은 아니었지만 '그런가 보다' 하고 다른 방도는 생각하지 않은 채, 법사를 데리고 수도로 올라갔다.

그 때 이하국은 대납언(大納言)[7] 아무개 씨가 통치하였다. 수도에 도착해서 그 차관의 집에 가까이 가서 법사가 관리에게 말하기를, "차관을 방문하려고 하는데 지금의 내 모습은 초라해서 보기 흉합니다. 스님으로서 복장을 잘 갖추어야겠습니다. 옷과 가사를 맞추어 주시지 않겠습니까?"라고 말했다. 이에 관리는 옷과 가사를 빌려 와서 법사에게 주었다.

법사는 관리를 차관의 집 앞에서 기다리게 하고, 자신은 안에 들어가서 "잠시 드릴 말씀이 있습니다."라고 했다. 그러자 그 곳에 모여 있던 많은 사람들이 법사를 보고 당황해하며 툇마루에서 내려와 무릎 꿇고 예를 갖추었다. 관리는 문 쪽에서 이것을 보고 큰일 났다고 여기며 가만히 안의 상황을 지켜보았다.

법사가 왔다는 소식을 듣고 차관이 급히 법사를 맞아들이며 대접한다고 떠들썩한 모습이 매우 각별해보였다. "그렇지 않아도 어쩐 일인가 하고 생각했지만 다른 방도가 없어서 세월을 보내고 있었습니다만 이렇게 잘 계셨군

---

7) 옛날 최고 관청의 차관.

요."라고 하면서 차관은 여러 번 이와 같은 말을 되풀이했다. 거기에 대해서 말을 아끼던 법사는 "그러한 것은 천천히 시간을 두고 얘기합시다. 오늘은 특별히 부탁하고 싶은 일이 있어서 왔습니다. 이하국에서 수년 간 내가 섬기던 분이 생각지도 않게 문책을 받아 나라에서 추방당하게 되어서 고심하고 있습니다. 불쌍히 여기시어 그분이 만약 커다란 잘못이 없다면 나를 보아 관대히 살펴서 용서해 주시면 고맙겠습니다."라고 했다.

그러자 차관은 "이것저것 말씀하실 것도 없습니다. 스님과 그런 깊은 인연이셨으니 특별히 보살펴 주어야지요."라며 오히려 지금 이상으로 대우하는 내용의 공문서를 주었다. 법사는 기뻐서 나왔고, 이하국의 관리가 놀라는 것은 당연한 일이었다.

관리가 여러 가지로 생각해 보았지만 이는 매우 엄청난 일로, 법사에게 적당한 사례의 말이 생각나지 않았다. 숙소에 들어가서 천천히 예를 갖추려고 생각하고 있는 중에 법사는 빌린 옷, 가사 위에 먼저 번의 공문서를 놓고 잠시 외출하는 모습으로 돌연히 어디론가 자취를 감추어 버린 것이 아닌가. 이것도 그 현민 스님이 하신 일이다. 정말 보기 드문 배려라고 해야 할 것이다.

평등 스님이 비예산을 떠나서 다른 나라에 가다

옛날 비예산(比叡山)에 공봉(供奉)[8]이라는 벼슬의 평등 (平等) 스님이 있었다. 이 분이 곧 천태 밀교의 조사이다. 어느 날 스님은 변소에 있다가 갑자기 이 세상의 무상을 깨닫고 '어째서 이렇게 헛된 세상에서 명예와 이익에 마음이 빼앗겨 혐오해야 할 내 몸을 아껴가면서 헛되게 세월을 보내고 있는 것일까.' 라고 생각했다. 그러자 지나온 날들이 분하고 수년 동안 살아온 거처도 아주 싫게 느껴져서 두 번 다시 돌아가고 싶은 생각이 나지 않았다.

스님은 속옷에 왜나막신만 신은 채 윗도리도 입지 않고 산을 나와서 서쪽 언덕을 넘어 수도 쪽으로 걸어갔다. 어딘가에 머무르려고 생각하지 않았기 때문에 발길 닿는 대

---

8) 궁중의 내도량(內道場, 불교수행과 불교행사를 행하는 건물)에서 봉사하는 고승.

로 웅덩이 쪽으로 방황하면서 걸어가는데, 마침 나루터에 돌아가는 배가 있어서 타려고 했다. 스님의 행색이 워낙 이상한 모습이어서 뱃사람들이 의심하며 타는 것을 허락하지 않았지만, 간절하게 부탁하여 간신히 탈 수 있었다.

뱃사람들이 "그런데, 어떤 용무로 어디에 가시는 분입니까?"라고 물으니, 스님은 "특별히 이렇다 할 목적이 정해져 있지 않습니다. 어디라고 목표로 하고 있는 곳도 없습니다. 다만 어디든 괜찮으니 당신들이 가는 곳으로 나도 가려고 합니다."라고 말했다. '어쩐지 이상한 모습이로구나'라고 모두 고개를 내저으면서도 인정은 있어서 배를 태워 주었고, 스님은 그대로 이 배의 목적지인 이여국(伊予國)[9]에 도착했다.

그 나라에서 정처 없이 떠돌고 걸식하면서 세월을 보냈기 때문에 그 곳 사람들은 이 평등 스님을 '문전걸식하는 사람'이라고 칭했다. 비예산의 승방에서는 "스님께서 갑자기 나가셔서 꽤 오랜 시간이 지나도 돌아오시지 않으니 이상한 일이다."라고들 했지만 설마 이렇게 걸식하면서 살아가리라고는 생각지도 않았다. "뭔가 갑작스런 이유라도 생겼겠지."라고들 말하는 중에 그 날도 저물고 밤도 새 버렸다. 사람들은 한동안 평등 스님을 찾아 헤맸지

---

9) 지금의 애원현(愛媛縣).

만 어디에도 없었다. 할 수 없이 돌아가셨다고 모두가 단정 짓고 고인을 조상했다.

이렇게 세월이 지나는 동안의 일이었다. 이 나라의 태수와 평등 스님의 제자인 정진(淨眞)이라는 스님과는 수년 동안 친하게 지내면서 기도를 부탁하는 사이였다. 태수는 수도에서 임지로 갈 때, "먼 지방이기 때문에 스님이 동행해 주면 든든하다."면서 정진 스님을 모시고 갔다.

그런 것도 모르고 평등 스님의 문전걸식은 계속되었고, 그들의 눈앞에 걸식하는 모습이 들어왔다. 스님이 먹을 것을 구걸하자 아이들 몇몇이 뒤따라 들어와서 떠들썩하게 웃는다. 무리 지어 모여 있는 모습을 보고, 군수의 부하들이 "기괴한 사람이구나. 어서 나가라."며 엄하게 질책하는 것을 보고, 정진 스님이 그를 불쌍히 여겨서 음식을 주려고 가까이 불렀다. 문전걸식하는 사람이 두려워하면서 툇마루 끝에 와서 앉은 것을 보니 인간의 형상이라고 보기 힘들 정도로 몸은 쇠약해 있었고, 옷은 너덜너덜해진 것을 기워 입은 꼴이다. 정말로 천해 보였다. 하지만 아무래도 본 적이 있는 것 같아 곰곰이 살펴보니 자신의 은사인 평등 스님이었다.

정진 스님은 놀라며 슬퍼하면서 발 속에서 뛰어 나와 걸식하는 사람을 마루 끝에 올려 앉혔다. 태수를 비롯해서 사람들이 이 일을 보고 놀란 나머지 울면서 여러 가지 말을 걸었지만, 평등 스님은 말수 적게 대답하고는 억지로 이별을 고하고 사라져 버렸다. 정진 스님은 어쩔 수 없이 삼베 옷 등을 준비해서 스님의 거처를 알아보았지만 전혀 찾을 수 없었다. 결국에는 나라의 관리에게도 분부해서 산림 구석구석까지 찾아보았지만 아무도 만날 수 없었다. 스님은 그대로 자취를 감춘 채 결국에는 행방불명이 되어 버렸다.

그 후 꽤 시간이 지나서 "사람도 다니지 않는 깊은 산속 맑은 물이 나오는 곳에 죽은 사람이 있다."라는 산사람의 제보가 있었다. 그 소식을 듣고 정진 스님이 마음에 걸려서 그 장소에 도착해 보니 평등 스님이 서방을 향해서 합장하고 앉아 좌탈 입망해 있었다. 매우 슬프지만 감격스럽고 지극한 존경이 우러나왔고, 정진 스님은 울면서 장례식을 치렀다.

지금이든 옛날이든 정말로 발심한 사람은 이처럼 고향을 떠나 사람들이 알지 못하는 곳에서 모든 명예와 이익을 버리고 용기 있게 생애를 끝마치는 것이다. "생사의 무상을 초월해서 흔들리지 않는 마음의 경지를 얻은 보살조차 전에 만난 적이 있는 사람 앞에서는 신통력을 나타내기 어렵다."고 한다. 하물며 지금 막 발심한 마음은 훌륭하지만 아직 수행의 결과로 얻은 깨달음과 공덕을 버리는 경지에 이르지 않았으므로 뭔가에 따라서 동요하기 쉽다.

자연히 고향에서 살며 지인과 교제하고 있는 한 어떻게든 흐트러진 마음의 혼란을 겪지 않을 리 없기 때문에 고향을 떠나 수행 정진하는 것이다.

천관 스님이 세상을 떠나서 은둔하다

천관(千觀) 스님은 지증(智證) 대사의 교의(敎意)의 흐름을 일으킨 분으로 그 유례가 없을 정도로 깊이 있는 학승이다. 그는 원래 불도를 구하는 마음이 깊었지만, 한때 어떻게 처신하고 수행해야 할 것인가를 결심하지 않은 채 그럭저럭 세월을 보낸 적도 있었다.

그러던 어느 날 조정의 법회에서 근무하고 돌아가는 길에 사조(四條) 강 가에서 공야(空也) 스님을 만났다. 그는 마차에서 내려와 공야 스님께, "어떻게 하면 내세의 안락을 얻을 수 있을까요?"라고 물었다.

공야 스님은 그의 말을 듣고 "어떻게 거꾸로 말씀하십니까? 그러한 것은 이 쪽에서 묻고 싶습니다. 이렇게 미천한 나는 다만 할 수 없이 헤매면서 걸을 뿐입니다. 전혀 떠오르는 것이 없습니다."라고 하면서 가려고 했다. 천관 스님은 공야 스님의 소매를 붙잡고 재차 물었다. 이에 공야 스님은 "그렇네요. 불쌍한 몸을 버리는 것이야말로 구제 받을 방도이겠지요."라고만 말하고 천관 스님을 물리치고 발빠르게 가 버렸다.

그 때 천관 스님은 강 가에서 옷을 갈아입고 마차에 오른 후 사람들에게, "여러분, 빨리 각자 집으로 돌아가시오. 나는 지금부터 다른 곳에 가려고 합니다."라고 말하며 모두를 돌려보내고 혼자서 사미(簑尾)[10]라는 곳에 은둔했다. 그러나 역시 그 곳도 마음에 들지 않았다. 어디서 지내야 할까 고민하고 있던 참에 동쪽에 금색 구름이 떠 있는 것을 보고, 그 장소를 찾아 거기에다 형태만의 움막을 짓고 모습을 감추어 버렸다. 즉 지금의 금룡사(金龍寺)라고 하는 곳이 그 곳이다.

천관 스님은 그 곳에서 몇 년 동안인가 불도를 닦아 결국에는 왕생을 이루었다는 것이 왕생전(往生傳)[11]에 기록되어 있다. 천관 스님은 어느 사람의 꿈에 천수관음으로 다시 태어났다고 한다. 천관이라고 하는 이름은 그 천수관음보살의 이름을 줄인 것이다.

---

10) 지금의 대판부(大阪府) 기면시(箕面市).
11) 구체적으로 『일본왕생극락기(日本往生極樂記)』를 가리킴.

다무봉의 승하 스님이 세상을 떠나서 왕생하다

승하(僧賀) 스님은 재상인 귤경평(橘經平)의 자손으로 자혜(慈惠) 승정의 제자이다. 그는 어릴 때부터 매우 덕이 높았다. 사람들은 그에게 "장차 훌륭한 인물이 될 것이다."라고 모두가 입을 모아 칭찬했다. 그러나 그는 마음 속 깊이 이 세상살이를 싫어하여 명예와 이욕에 이끌리지 않고 극락에 태어나기만을 남모르게 기원하였다. 하지만 기원하는 것만큼 보리심이 일어나지 않는 것을 한탄하며, 비예산의 법당에서 천일 밤 동안 매일 밤 천 번씩 절을 하면서 보리심이 일어나기를 기원하였다.

처음에 스님은 매번 참배할 때마다 조금도 목소리를 높이려고 하지 않았지만 나중에 육·칠백일 째의 밤이 되어서부터는 "보리심이여. 붙어 주세요, 붙어 주세요."라고 작은 목소리로 염불하면서 참배하였다. 그것을 듣는 사람이 "이 스님은 무엇을 기원해서 '천구(天狗)[12]여, 붙어 주세요.'라고 말하는가." 하면서 이상하게 여기고 웃기도 했다. 그러나 천일기도가 끝날 쯤 되어서 '보리심이 일어나도록'이라는 말이 확실히 들렸을 때 사람들은 '고마운 일'이라고 여겼다.

이렇게 해서 기원하는 천일 밤도 날짜가 찼는데 전생의 것인 양 세상을 혐오하는 마음이 한층 더 깊어져서 '어떻게 해서든 이 몸을 버리고 세상을 떠나야 겠다'고 생각하는데, 기회가 생겼다. 궁중에서 천황이 불교에 관한 논의를 듣는 의식이 있었다. 언제나 논의해야 할 일이 끝나면 향연 끝에 남은 음식물을 밖에 던져 버린다. 그러면 많은 걸인이 여기 저기서 모여 다투어서 그것을 먹는 것이 관례처럼 되었다.

그 날 재상이 보니 승하 스님이 갑자기 스님들 사이에서 달려 나와 걸인들의 음식을 빼앗아 먹었다. 보는 사람마다 "이 스님이 미쳤는가."라는 등 마구 와글와글 떠들면서 말하는 것을 듣고 스님은 "나는 정상이다. 나를 돌았다고 말씀하시는 여러분이야말로 미친 것이다."라고 하면서 전혀 놀라지 않았다. "질렸다."고 모두가 이야기하는 중에 스님은 이 일을 계기로 은둔해 버렸다.

------

12) 하늘을 자유롭게 날고 깊은 산에 살며 신통력이 있다는, 얼굴이 붉고 코가 높은 상상의 괴물.

나중에 스님은 대화국(大和國)의 다무봉(多武峰)[13]이라
는 곳에 은둔해서 마음 내키는 대로 수행하면서 세월을
보냈다. 그 뒤로 훌륭한 스님이라는 평판을 얻었는데, 어
느 날 황후가 그를 불렀다. 스님은 일부러 황후를 알현해
서 궁중의 정전(正殿)의 난간 귀퉁이에 기대어 여러 가지
로 이상한 일들을 얘기하고 아무 것도 하지 않고 나와 버
렸다.

또한 스님은 부처님께 공양을 드리는 사람의 처소에
가는 도중 '어떻게 설법할까' 하는 생각에 잠겨 있다가
'이것은 명예, 이욕을 위한 것이다. 결국 악마에게 가까이
가는 계기를 만드는 것이다'라고 여겨 도착하자마자 법사
와 쟁론하고 공양도 하지 않고 돌아와 버렸다. 이러한 것
은 사람들로부터 미움 받아 두 번 다시 이와 같은 초청을
받지 않기 위한 것이다.

또한 스승인 자혜 승정이 황제로부터 받은 영예에 감
사를 표하기 위해 마차를 타고 입궐할 때, 승하 스님은 마
차 앞의 행렬 선두에서 말린 연어를 큰칼처럼 허리에 차
고, 뼈만 지저분하게 나온 소등에 타고 이상한 모습으로
돌아다니니, 놀라지 않는 구경꾼이 없었다.

모두 놀라서 승하 스님을 말렸지만 "나야말로 자혜 승
정의 어렸을 때부터의 제자입니다. 나 말고 누가 오늘의

---

13) 나량현(奈良縣) 유정시(桜井市)에 있는 산.

선두가 될까요."라며 재미있게 소등의 방향을 이리저리 바꾸었기 때문에 구경하는 사람들은 모두 이상하게 생각하며 놀라지 않을 수 없었다. 그러자 승하 스님은 "명성은 괴로워요. 걸식만이 편해요."라는 노래를 부르면서 마차에서 멀어져 갔다. 승정도 평범한 사람이 아니어서 승하 스님이 "제가 선두에 있어도 될까요."라고 말하는 목소리가 '슬픈 일이다. 내 스승은 지옥에 빠지려고 하고 있다.' 라는 식으로 들렸기 때문에, 승정은 마차 속에서 "이것도 중생의 이익을 위한 것이다."라고 대답했다.

승하 스님은 임종시에 우선 바둑판을 가져오게 하여 혼자서 바둑을 둔 다음, 말다래[14]를 달라고 하여 그것을 머리에 얹고 나비의 날개를 등에 지고, 산 꽃의 줄기를 손에 든 네 명의 아동이 추는 춤의 흉내를 냈다.

제자들이 이상하게 생각해서 그 이유를 물으니, "어렸을 때 바둑과 춤 두 가지를 사람들이 못하게 해서 그것이 마음에 걸려 있으니, 만약 죽게 되면 미련이라는 것이 남지 않겠는가." 하고 말씀하셨다.

여든이라는 노령이 되어, 극락 정토의 모든 보살들이 마중 나온 것을 보신 듯 기뻐하며 노래를 지었다. "드물게 보는 이 행운을 만날 수 있어서 즐거워요."라는 노래를 읊고 스님은 생을 마쳤다.

---

14) 말의 배 양쪽에 늘어뜨려 튀는 흙을 막도록 한 가죽으로 된 마구.

승하 스님의 행동은 후세 사람들이 볼 때 미치광이 짓이라고 생각할 수도 있지만, 더러움의 원천이라 할 수 있는 세속의 환경을 벗어나기 위한 것으로서 좀처럼 헤아릴 수 없는 존경스러운 행동으로 전해져 내려오고 있다.

사람과 교제하는 세상의 풍습을 보면 신분이 높은 사람에게는 복종하고 신분이 낮은 사람에게는 온정을 베푸는 것이 보통이지만, 전자에는 자신의 몸이 타인의 것이 되고 후자에는 마음이 애정에 이끌려서 속박되기도 한다. 이것은 현세에서의 괴로움에 멈추지 않고 현세를 이탈하는 데 커다란 장애가 된다. 그러한 환경을 벗어나지 못하면 흐트러지기 쉬운 마음을 진정시킬 수 없는 것이다.

고야산의 남축자 스님이 출가해서 산에 오르다

옛날 고야산에 남축자(南築紫)라고 하는 덕망이 높은 고승이 있었다. 그는 원래 축자라는 사람으로 영지를 많이 소유하고 있었다. 그 나라의 관습은 영지가 많은 자 중에서도 영지 외에 논을 많이 갖고 있는 자를 훌륭하다고 생각했다. 축자는 집 앞에 논 오십 헥타르 정도를 갖고 있었다.

축자가 팔월의 아침에 나와 보니 벼가 다 자라서 흔들리고 기분 좋게 그 위에 이슬이 맺혀 있는 것을 멀리 조망한다. 거기서 생각하길 '이 나라에서 어느 정도의 재산을 가지고 있다고 소문난 사람은 많다. 그러나 집 앞에 논을 50헥타아르나 갖고 있는 사람은 별로 없다. 내가 이처럼 영지를 갖고 있는 것은 천한 신분에 맞지 않는 것이다.' 라고 마음 속 깊이 생각하는 중에 전생의 인연이 부추긴 것일까, '결국 이것은 무엇인가. 이 세상의 모든 것은 어제 살아 있는 것이 오늘은 없다. 아침에 번성했던 집이 저녁에는 쇠퇴해 버린다. 한 번 죽어버린 후에는 아껴서 저축하고 있었던 물건도 무슨 의미가 있단 말인가. 헛되게 집착하는 마음에 빠져서 내세에 영원히 삼악도(三惡道)에 떨어져 버린다면 매우 비통한 일이다.' 라고 순간적으로 무상을 깨닫는 마음이 강하게 일어났다.

그는 '집에 돌아가면 처자도 있고 일족도 많다. 반드시 발심을 방해받을 것이다. 곧 여기를 떠나서 아무도 모르는 곳에 가서 불도를 수행하자.' 라고 생각해서 아무렇지도 않은 듯한 모습을 한 채로 상경했다. 그런데 그 때 왕래하는 사람들이 길 가에서 그의 모습을 보고 이상하게 느끼고, 의아하게 생각해서 그의 집에 전했기 때문에, 집안 사람들은 당연히 떠들썩하게 소란을 떨었다.

그 중에 십이·삼 세 정도 되는 귀여운 딸아이가 울면서 따라나섰다. "아버지, 나를 버린 채 어디에 가십니까." 라며 아이가 소매를 붙잡고 막자 그는 "아니 이제 너에게 방해받지 않을 것이다."라고 말하며 칼을 빼서 자신의 머리카락을 잘라 버렸다. 딸은 공포에 떨면서 소매를 떨치고 집으로 돌아왔다. 이와 같이 한 후 그대로 고야산에 올라서 머리를 깎고 그의 희망대로 수행을 했다. 그 딸 또한 당시에는 그를 두려워했지만 훗날 부친이 계신 곳을 찾아가 비구니가 되어, 고야산 기슭에 살면서 부친이 죽을 때까지 옷을 세탁하고 꿰매기도 하며 효성을 다했다.

남축자 스님은 나중에 덕이 높아서 고귀한 사람도 천한 사람도 그에게 귀의하지 않는 사람이 없을 정도였다. 그가 법당을 짓고 공양을 하려고 할 때 법회를 주재하는 스님을 누구로 삼을까 고민했는데, 꿈에 어떠한 형상이 "이 법당엔 마침 어느 날 어느 때에 재가인 채로 출가한 분[15]이 와서 공양을 올릴 것이다."라고 사람이 고하듯이 하였다. 바로 꿈에서 깨어난 스님은 베개 맡에 세우는 칸막이에 그 날짜를 써 두었다. 매우 이상한 일인 것 같지만 스님은 '무슨 이유가 있을 것이다.' 라고 생각해서 그대로 세월을 보내고 있었다.

마침 그 날이 되어서 법당 안을 장식하고 걱정하면서 기다리는데, 더욱이 아침부터 비까지 추적추적 내려서 꿈에서처럼 밖에서 사람이 올 일이 없을 것 같았다. 그런데 드디어 그 시각이 되자 매우 초췌한 비옷을 입은 법사가 와서 여기저기 법당을 참배하면서 걸었다. 스님은 이 법사를 붙잡고 "기다리고 있었습니다. 오늘 이 법당에 공양을 올리고 법회를 맡아 주십시오."라고 말했다. 법사는 놀라서 "전혀 그러한 재능이 있는 사람이 아닙니다. 나는 천한 사람으로 마침 일이 있어서 온 것뿐입니다."라고 하

---

15) 유마(維摩) 거사를 가리킴.

면서 단호하게 거절했다.

하지만 스님은 꿈의 전조가 있었던 것 등을 말하면서 창호지에 써 놓은 날짜가 확실히 오늘과 일치하는 것을 보여준 바, 이에 법사는 벗어나려고도 하지 않고 "그러면 형식에 따라서 공양 올리겠습니다."라고 하면서 도롱이와 삿갓을 벗어 놓고 곧 부처님 앞의 단에 올라가서 보통이 아닌 설법을 하는 것이었다. 이 스님은 천태종의 명현(明賢) 법사였다. 그는 고야산에 참배하려고 몰래 자취를 감춘 채 그렇게 한 것이었다. 이 일이 있은 후로 명현 법사를 고야산에서는 재가인 채로 출가한 분(유마 거사)의 화신으로 여기게 된 것이다.

이 축자라는 고승은 특히 덕망이 높다는 평판이 있어서 백하원(白河院) 천황이 스님에게 귀의하였다. 고야산은 이 스님의 시절부터 특별히 번영했다. 결국 그가 죽음에 임하여서도 마음이 흔들리지 않고 대왕생을 이룩한 연유가 왕생전(往生傳)에 상세하게 실려 있다. 사람은 누구나 본능적으로 재산을 아까워하는데 그는 오히려 이것을 혐오하는 마음을 일으켰다고 하는 것이야말로 다른 사람에게서는 좀처럼 볼 수 없는 것이다.

현명한 사람은 현세, 내세에 걸쳐 괴로움을 받는 것은 재산과 보물을 마음 속 깊이 갈망하는 마음 때문이라고 말한다. 사람들은 보물을 탐하는 것에 빠져 스스로 그것에 깊이 집착하는데다 싸우기도 하고 질투하기도 한다. 탐욕스러운 마음이 점점 생기고 분한 마음도 특히 강해졌다. 다른 사람의 목숨까지 뺏고 타인의 보물을 훔치기도 한다. 집이 무너지고 나라가 기울어지는 것도 모두 여기에서 일어난다.

이 때문에 "욕심이 많으면 재앙이 크다."라고도 하고 또한 "탐욕스런 인연에 의해서 삼악도에 떨어진다."라고도 한다. 그러므로 미륵의 세상에서는 보물을 보면 깊이 두려워하고 혐오하지 않으면 안 된다. 석가의 교법을 잇고 있는 제자도 "탐욕 때문에 계율을 어기고 죄를 짓고 삼악도에 떨어지는 것이다."라고 하면서 "독사를 버리는 것처럼 보물을 길 가에 버려야 한다."라고 말하고 있다.

소전원의 교회 스님이 물병을 깨뜨리다,
양범 스님이 매화나무를 자르다

소전원(小田原)이라는 절에 교회(教懷) 스님이라는 분이 있었다. 나중에는 고야산에 살았지만 이 스님은 마음에 드는 새로운 물병을 얻어서 각별하게 애지중지했다. 스님은 그것을 창 가에 둔 채로 성지[16]에 참배했다. 그 곳에서 염불을 하면서 열심히 기원하는 도중에 이 물병이 생각나자 '부주의하게 두었기 때문에 다른 사람이 가져가지 않을까.' 하고 불안해서 염불에 전념할 수 없게 되었다. 이 때문에 그렇게 애지중지하던 물병을 돌아오자마자 비가 떨어지는 처마 밑의 물병과 나란히 놓고 부숴 버렸다.

또한 횡천(橫川)의 양범(陽範)이라는 스님이 좋은 매화를 심어서 매우 소중히 여겼다. 오로지 붉은 매화만을 바

---

16) 고야산의 동쪽에 있는 공해(空海)가 입멸한 곳.

라보며 즐기고 만약 다른 사람이 가지를 꺾으면 특히 슬퍼하고 꾸짖었다. 하지만 어떤 생각을 한 것일까. 하루는 제자들이 바깥에 나가서 아무도 없을 때 분별없는 법사에게 "가위를 갖고 오너라."라고 해서 이 매화나무를 뿌리부터 가지까지 잘라 위에는 모래를 뿌리고 흔적도 없이 해두었다. 제자가 돌아와서 이상하게 여겨 그 이유를 물으니, 양범은 다만 "시시한 일이다."라고 대답했다.

이들은 모두 집착을 남기는 것을 두려워했던 것이다. 교회 스님도 양범 스님도 함께 왕생을 이룬 사람일 것이다. 실제 이 세상이라 하는 허상의 집에 마음을 빼앗겨서 내세에서 번뇌의 어둠 속을 헤맨다면 누가 어리석다고 생각하지 않겠는가. 그러나 환생은 매번 영겁의 번뇌에 좌우된다고 한다. 그 슬픔을 알면서도 집착은 버리기 어려운 것인 듯하다.

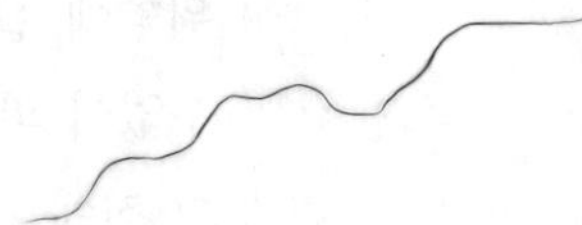

좌국이 꽃을 소중히 해서 나비가 되다,
육바라사의 행선이 귤나무를 애지중지하다

어떤 사람이 원종사(円宗寺)[17]의 법화 팔강(法華八講)[18]에 참배하고자 하는데 기다리는 시간이 조금 길었기 때문에 그 부근의 집을 빌려서 들어갔다. 그런데 그 집을 보면 그렇게 넓지도 않은 정원에 갖가지 나무들을 심어서 특별히 위쪽에 설비해서 조금씩 물을 주었다. 여러 종류의 꽃이 수없이 피어 흡사 수놓은 천을 씌운 듯이 보였다. 그런데 그 집에는 특히 여러 종류의 나비가 몇 마리라고 할 것 없이 날아다녔다. 이 동네에서는 볼 수 없는 나비들이 날아 다니는 모습이 진귀하게 생각되어서 일부러 그 집의 주인을 불러내 이에 대해 듣고자 하였다.

---

17) 경도시에 있는 절.
18) 『법화경』 8권을 강설하고 찬양하는 행사.

주인이 말하기를, "특별한 연유가 있는 것은 아닙니다. 생각하는 바가 있어서 심어 놓은 것입니다. 나는 좌국(佐國)이라는 유명한 학자의 자식입니다. 부친이 살아 계셨을 때 꽃을 매우 좋아하셨고, 잘 가꾸셨습니다. 부친께서는 꽃을 가꾸시면서 그 심정을 시에도 담아 놓으셨는데, '육십여 년 간 보아도 아직 싫증나지 않는다. 다시 태어난 후에도 반드시 꽃을 사랑하는 사람이 될 것이다.' 와 같은 시를 쓰셨습니다. 그 정도로 좋아하다 보니 아무래도 이 세상을 벗어날 때에 집착이 되지 않을까 하고 걱정하신 듯합니다.

어떤 사람에게 "제 꿈에 죽은 아버지가 나비가 되어 다시 태어났다."고 말씀드리자, "당신 부친이 꽃에 집착하는 마음이 깊어 아무래도 이 부근의 꽃 속에서 헤매고 있을 것이다."라는 대답을 듣고, 부친이 좋아하는 꽃들을 심어 두었습니다. 또한 꽃만으로는 부족하다고 생각해서 꿀 등을 매일 아침 기울여 주고 있습니다."라고 한다. 그의 말이 참으로 신이하면서도 있을 수 있는 일이라는 생각이 든다.

또한 육바라사(六波羅寺)의 주지스님으로 행선(幸仙)이라는 사람은 줄곧 보리심이 깊었는데 귤나무를 소중히 여기다 약간의 집착심에 의해서 뱀이 되어 그 나무 아래에 살았다고 한다. 상세한 것은 『습유왕생전(拾貴往生傳)』에 있다.

　이처럼 남에게까지 알려져 있는 것은 드물다. 매 순간마다 일어나는 집착에 따라 내세에서 인간이 아닌 다른 동물로 태어나는 것은 전혀 의심할 여지가 없다. 이는 정말로 뭐라고 할 수 없는 두려운 일이다.

신락강의 서북쪽 산기슭의 불종방 스님 이야기

　　신락강(神樂岡)[19]의 서북쪽 산기슭에 불종방(佛種房)이
라는 덕이 높은 스님이 있었다. 만난 적은 없지만 최근의
사람으로 종국에는 왕생을 이루었기 때문에 덕이 높다는
것을 전해 들었다. 이 스님이 그 옛날 수음(水飮)이라는 곳
에 살 때 장작을 주우러 계곡에 내려간 사이에 도둑이 들
었다. 도둑이 물건을 챙겨 멀리 도망갔다고 생각했는데,
살펴보니 원래 출발한 곳이다. 단 한발짝도 거기서 옮겨
놓지 못했던 것이다.

　　도둑은 매우 괴이하다고 여기면서도 그 곳에서 빠져나
가기 위해 시도했지만, 약 네 시간 정도 수음의 목욕탕을
맴돌았는데도 바깥으로 나갈 수 없었다. 그 때 스님이 돌

---

19) 경도시에 있는 구릉.

아와 이상하게 생각해서 도둑에게 도망치지 않은 것에 대해 물었다. 도둑이 대답하기를 "나는 도둑입니다. 그러나 멀리 도망갔다고 생각했는데, 돌이켜보면 그 자리에서 맴돌고 있었습니다. 이것은 보통 일이 아닙니다. 훔친 물건은 모두 돌려드리겠으니 아무쪼록 용서해 주시기 바랍니다. 돌아가고 싶습니다."라고 한다.

스님은 "오죽했으면 깊은 죄책감에 시달리며 이처럼 남의 물건을 훔치려고 했겠습니까. 그러나 탐이 났으니까 집어들었겠지요. 나에게 돌려주지 않아도 됩니다. 그것이 없어도 나는 불편하지 않으니까요."라고 말하면서 도둑에게 물건을 도로 건네주었다. 실제로 불종방은 마음 속 깊이 도둑이 측은했기 때문에 그와 같이 한 것이다.

몇 년인가 지나서 저 신락강의 서북쪽 기슭에 살 때 그를 의지하던 신자가 있었다. 신자는 그에게 깊이 귀의해서 계절마다 선물을 하기도 하고 그 외에도 때마다 후사품을 꼬박 꼬박 보내 왔다. 그런데 스님이 일부러 그 신자의 집에 가서, "뜻밖의 일이라고 여기시겠지만 수년 동안 저를 의지하셨기 때문에 들렀습니다. 다른 사람들이 생선을 맛있게 먹는 것이 부럽고 갑자기 생선이 먹고 싶어졌기 때문에, 이 댁에는 생선이 많이 있을 것이라고 생각해서 일부러 찾아뵈었습니다."라고 말했다.

여주인은 '놀라운 일이다' 라고 의아하게 생각하면서

도 선뜻 요리를 해서 생선을 내 놓았다. 그러자 스님은 생선을 많이 먹고 나서 남은 것을 토기에 넣고 뚜껑을 덮은 후 종이로 싸고는 "이것은 제 움막에서 먹겠습니다."라고 하며 품에 넣고 나갔다. 그 후 이 신자는 스님이 생선 먹는 것을 유감스럽게 생각했지만 "일전에 가지고 가신 생선은 조금밖에 안 되니까 오늘 또 보내드립니다."라고 말하며 여러 가지로 요리해서 보냈지만 스님은 받지 않았다. "뜻은 고맙습니다. 그러나 예전에 남은 음식에 질려서 지금은 먹고 싶지 않습니다. 이것은 돌려드리겠습니다."라고 했다.

이것도 이 세상에 집착심을 남기지 않으려고 생각했기 때문일까. 이 불종방은 언젠가 감기에 걸려서 앓아 누웠다. 모양뿐인 허름한 집은 낡아서 부서진 채로 수리도 되어 있지 않았다. 간병을 하는 사람도 없기 때문에 혼자서 병상에 엎드려 앓으면서도 마침 팔월 보름 밤의 달이 매우 밝아서 불종방은 저녁 때부터 목소리를 높여서 염불했다. 곧 가까운 집들에서는 그 목소리가 덕이 높은 이의 것으로 들렸다. 사람들이 모여서 보니 기와도 떨어져 나간 황폐한 집에 달빛이 자유롭게 비치는 것 외에 아무런 기적도 없었다. 그런데 한밤중이 되자 "아아 즐거워. 이것이야말로 수년 동안 생각했던 것이다."라는 목소리가 벽의 바깥에까지 들려왔다. 그 후에는 염불소리도 없어졌다.

새벽이 되어서 가보니 불종방은 서쪽을 향해서 정좌하고 손을 합장한 채 자고 있는 것처럼 열반에 들었다. 이 집은 다른 집과 조금도 떨어져 있지 않고 천한 신분의 사람들의 집들이 죽 늘어서 있는 곳에 있었다.

천왕사의 스님이 덕을 감추다, 걸승의 이야기

근래 천왕사(天王寺)[20]에 한 스님이 있었다. 말끝마다 '루리'라고 하는 두 개의 문자를 덧붙여서 말했기 때문에 사람들은 그대로 그 글자를 이름 삼아 스님을 루리라고 불렀다. 그는 더덕더덕 붙인 천이나 종이로 만든 옷이 말할 수도 없을 정도로 너덜너덜 찢어진 것을 몇 장이고 겹쳐서 입었고, 천 망태기가 지저분한데도 불구하고 구걸해서 모은 물건을 모두 거기에 넣고 여기저기 서성이며 구걸한 것을 먹었다.

많은 아이들이 놀려대며 그를 바보 취급하는데도 그는 화를 내는 일도 없다. 심하게 놀림을 당할 때에는 천 망태기에서 물건을 꺼내서 아이들에게 주었다. 그러나 아이들

---

20) 사천왕사(四天王寺), 대판시(大阪市) 천왕사구(天王寺區)의 절.

이 지저분하게 여겨서 버리면 그것을 주워서 다시 천 망태기에 넣었다. 또한 언제나 사람들에게 여러 가지 농담을 하니 완전히 머리가 돈 사람 취급을 받았다. 그에게는 특별히 어디라고 할 주거지를 정하는 일조차 없었다. 담장의 나무 아래든 토담 근처에서든 닥치는 대로 밤을 밝히는 것이다.

그 때 대총(大塚)이라고 하는 곳에 덕이 높은 학승이 있었다. 언젠가 루리 스님이 "비가 내려서 몸을 의지할 곳이 없으니 이 처마 밑에서 밤을 지샐 수 있게 해 주십시오."라고 했다. 이 학승은 다른 때와 달리 이상하다고 생각해서 그렇게 하도록 하였다. 밤이 되자 루리 스님은 "내가 우연히 이곳에 들렀지만, 이 기회에 오랫동안 마음 속에 품고 있던 것들을 확실하게 해명하고 싶습니다."라고 했다.

학승은 의외라고 생각하면서도 세간의 일반인처럼 응대하고 있는 중에 루리 스님의 이야기는 차례로 천태종의 교리 등 심오한 이론에 대한 것으로 흘렀다. 학승이 놀라서 이것은 진귀한 일이라고 생각하며 밤새껏 잠도 자지 않고 스님에게 여러 가지 묻기도 하고 대답하기도 하는 동안에 새벽이 되었다. 루리 스님은 "지금은 이미 마음에 여유가 생겼습니다. 마음속에 생각하고 있던 것들을 여기와서 편하게 풀어 보았습니다."라고 하며 돌아가 버렸다.

이러한 일로 학승은 루리 스님에 대해 감사하고 존경하는 마음을 갖게 되었다. 그러는 동안에 가까이에 있는 사람들과 루리 스님에 대해 얘기해주게 되었다. 그럼으로써 사람들은 루리 스님을 비방하고 천대하던 마음을 고쳤을 뿐만 아니라 한편으로는 부처님의 화신이라고 생각하며 존경했다. 그러나 루리 스님의 행적은 그 후에도 전에 비해 조금도 변하지 않았다. "이러한 일이 있었던가?" 하고 사람들이 묻자 스님은 웃으면서 농담처럼 대꾸하며, 사람들에게 알려져 버린 것을 번거롭게 생각했다.

몇 년인가 지나서 어느 사람이 그 루리 스님의 소식을 들었다. 그의 말에 의하면 스님은 화천국(和天國)[21]에서 걸식을 하며 걷고 있었지만, 최후에는 사람이 지나지 않는 곳에 있는 큰 나무 아래에서 낮은 쪽의 가지에 부처님을 걸어 놓고 서방을 향해서 합장하며 앉은 채로 눈을 감고 있었다고 한다. 사후에는 아무도 몰랐다가 나중에 이 모습을 발견했다는 것이다.

또한 근래에 세간에서 불묘라고 부르는 걸승이 있었다. 이 사람도 그 루리 스님처럼 머리가 돈 것 같았는데 생선이랑 새도 먹는가 하면 입는 옷으로 말하면, 버선까지 겹쳐 신어서 사람의 모습이라고 생각지 못할 정도이다. 그는 만나는 사람들에게 꼭 "해녀, 법사, 남자, 여자,

---

21) 지금의 대판부(大阪府) 동남부.

모두 깨끗하고 청결하다."라고 말하며 절을 했기 때문에, 그에 걸맞는 이름에 따라 이 걸승을 보는 사람들은 전부 그를 어리석은 바보라고 생각했다. 하지만 사람은 외형만으로는 그 깊은 내면을 알지 못한다. 그는 아증방(阿證房)이라는 스님과 친하게 지내며 생각지도 않은 경전들을 빌려서 다른 사람 몰래 품에 넣어 가지고 가서 수일 있다 돌려주는 일을 예사로 했다.

결국 그는 압(鴨)하천의 부서진 제방 위에서 서쪽을 향해 손을 합장하고 단정히 앉아서 죽었다. 이것은 뛰어난 은둔자에게 있어 최고의 삶의 방식이다. "진정한 은자는 조정과 시중에 있다."라고 하는 것이 바로 이것이다. 그 문구의 의미는 "현명한 사람이 세상을 등지고 은둔하는 것은 보통 있는 일이지만 몸은 시정에 있어도 그 덕을 잘 감추고 다른 사람이 알지 못하게 한다."는 것이다. 산림 속에 몸을 숨기는 것은 사람들 속에서 덕을 숨길 수 없는 사람들의 행동일 것이다.

고야산 근처에 사는 스님이 방편으로 처를 얻다

고야산 근처에서 수년 동안 수행을 하던 스님이 있었다. 원래는 이세국(伊勢國)의 사람이었다. 그는 불도를 수행하여 덕이 높았고, 많은 신자가 있었다. 가난하다고 할 정도는 아니었기 때문에 제자들도 많이 있었다.

점점 나이가 들어가매 스님은 특히 의지하고 있던 제자를 불러서 말하기를, "요즘 말하고 싶은 것이 있다만 그것을 듣고 네가 어떻게 생각할지 성찰해 보니 그만두어야겠다는 마음이 생겨 말하는 것을 자꾸 주저하게 된다. 내 말에 거스르지 말아 주길 바란다."라고 했다. "무엇이라도 스승님의 뜻을 제가 어떻게 거스르겠습니까. 무슨 말이신지 빨리 듣고 싶습니다."라고 제자가 말했다.

그러자 스님은 "이처럼 사람을 의지해서 세상을 지내는 몸으로 그와 같은 행동을 생각해서는 안 되는 것이지만, 점점 나이가 들자 곁에 아무도 없는 것도 쓸쓸하구나. 뭔가를 골똘히 생각하며 지내다 보니 적당한 여성과 친하게 지내면서 그를 밤새 말상대로 삼고 싶다는 생각이 든다. 이에 관해 젊은 사람들은 별로 좋아하지 않겠지만, 상냥한 사람을 슬며시 찾아서 내 말상대가 되게 해 주면 어떻겠느냐.

그렇게 하면 이 승방은 너에게 물려주겠다. 다만 너는 내가 지금까지 해 온 것처럼 이 승방의 주인으로서 타인을 위해 기도를 도맡아서 취급하되, 나를 건물의 안채에 두고 2인분의 식사만 보내 주거라. 그렇게 된 뒤에는 부끄럽기 때문에 너를 대면하는 것조차 피하고 싶다. 다른 사람들에게는 내가 이 세상에 살아 있는 것을 알리지 말아라. 죽어서 없어진 자와 같이 여기고, 목숨을 이을 정도만 시중을 들어주면 된다. 이렇게 해 주는 것만이 내가 지난 수년 동안 생각해온 내 진정한 바람이다."라고 되풀이해서 말했다.

제자는 매우 놀라며 의외라고 생각했지만 "이처럼 주저하지 않고 솔직히 말씀해 주시니 감사합니다. 빨리 찾아보겠습니다."라고 하면서 사방으로 마땅한 인물을 찾아다녔다. 적당한 사람을 수소문하던 중 사십 세 정도의 미망인이 있다는 것을 듣게 되었다. 제자는 이 여자를 열심히 설득해서 승방 안채에서 스승과 함께 살도록 했다. 안

채로는 사람도 통하지 않고 자신도 안채에 가지 않으며 세월을 보냈다. 제자는 스승이 어떻게 하고 있을까 하고 마음에 걸리기도 하고, 또한 함께 이야기하고 싶기도 했지만, 굳게 약속한 일이기 때문에 어쩌지 못하고 세월을 보내고 있었다.

그 후 육 년이 지난 어느 날 여인이 울며, "오늘 아침 스님은 이미 죽어 있었습니다."라고 말했다. 제자가 놀라서 가보니 스승은 수호불을 모시는 사당 안에서 불상의 손에 오색의 실을 걸어 손으로 붙잡고 있었다. 사방침[22]에 기대어 염불을 하던 손도 생전과 조금도 다르지 않고 염주를 걸고 있는 모습도 살아 있는 사람이 잠들어 있는 듯 보통 때와 다르지 않았다. 단상에는 수행하는 도구들이 반듯하게 놓여져 있었고 요령 속에 종이를 넣어 두었다.

그 모습을 보니 매우 슬퍼져서 사태에 대해 상세하게 듣고자 하니 여인은, "수년간 이렇게 보내고 있었습니다만, 세간 일반의 부부 사이와 같은 관계는 없었습니다. 밤에는 요를 나란히 깔고 자고 둘 다 깨어났을 때에 스님은 이 세상의 번뇌에서 벗어나는 것과 정토를 기원하는 법을 작은 목소리로 가르쳐 주셨으나, 나에게 시시한 일은 말씀하지 않았습니다. 낮에는 부처님 앞에서 세 번의 근행을 거르지 않고, 한가한 때에는 자신은 물론 나에게도 염

---

22) 앉아서 팔을 기대는 베개.

불을 장려했습니다. 이 때문에 처음 이삼 개월까지 스님은 나에게 배려를 해서 '이처럼 이상한 부부생활이 혹 쓸쓸하지는 않은지요! 그렇다면 하고 싶은 대로 하시오. 만일 이별한다고 해도 이처럼 인연을 맺은 것은 운명입니다. 이러한 모습을 결코 다른 사람에게 이야기해서는 안 됩니다. 만약 서로 상대를 불도로 이끄는 스승이라고 생각해서 후세를 위한 근행을 둘이서 조용히 하길 바란다면 이것은 나에게 있어서 가장 고마운 일입니다.' 라고 말씀하셨습니다.

내가 '신경 쓰지 마십시오. 줄곧 함께 살 사람이 먼저 죽는다 해도 공양을 드리고 싶습니다. 나도 또한 이와 같은 난세에 다시 태어나지 않겠노라며, 이 세상을 혐오하는 마음이 있었습니다만, 그렇다고 해서 하루라도 제대로 생활할 만한 재주가 없는 몸이므로 본의는 아니지만 이렇게 밤의 여인으로서 뵈었습니다. 그래서 당신은 나를 보통의 여인처럼 생각하시겠지만 결코 그렇지는 않습니다. 스님은 매우 고마운 불도의 스승이시므로 사람들 몰래 기뻐하며 지내고 있습니다.' 라고 하자 스님은 거듭해서 '실로 즐겁다.' 라고 말씀하셨습니다. 스님께서는 이번 임종도 예견한 듯 '임종 때 사람들에게 알리지 말아라.' 라고 했기 때문에 잠자코 있었습니다."라고 말하는 것이었다.

미작의 태수 현능의 집에 들른 스님 이야기

　미작(美作)의 태수 현능(顯能)의 집에 나이가 젊은 스님이 들어와서 독경을 하는데, 불경을 아주 잘 읽었다. 현능이 그것을 듣고 "무엇을 하시는 분인가."라고 물었다. 스님은 가까이에 가서, "걸승입니다. 그러나 저는 집집마다 다니면서 구걸하는 일은 하지 않습니다. 경도시 서부의 산지에 있는 절에 살고 있습니다만 부탁드릴 일이 있어서 들렀습니다."라고 말했다. 그 모습이 사뭇 진지하여 그냥 지나칠 수 없었기 때문에 태수가 상세하게 물었다.

　그러자 스님은 "이렇게 말씀드리는 것은 매우 부끄러운 일입니다만, 한 젊은 여인과 친해져서 신변의 시중을 들게 하였는데, 생각지도 않게 그녀가 임신하게 되어 이번 달에 출산할 예정입니다. 이것은 저의 큰 실수인지라, 그녀가 배가 불러 있는 동안에 목숨을 이을 수 있을 정도의 식량을 주고 싶습니다. 그러나 제가 능력이 없어서 온 정을 베풀어 주셨으면 해서 왔습니다."라고 말했다.

현능은 일의 발단은 납득할 수 없었지만 그럴 수도 있겠다며 스님을 불쌍하게 여겨서, "그것은 어렵지 않은 일입니다."라고 말하면서 적당한 분량의 식량을 준비하여 스님 거처에 보내주려고 했다. 스님은 "정말로 창피한 일이라 제가 사는 집을 알리고 싶지 않습니다. 제가 들고 가겠습니다."라고 말하면서 갖고 갈 수 있을 만큼만 등에 지고 갔다.

현능은 이를 이상하다고 생각해서 하인을 시켜 뒤를 밟았다. 하인이 초라한 모습을 하고 스님의 자취를 쫓아가니, 스님은 경도시 북쪽 산의 깊숙한 곳으로 점점 들어가서 사람도 다니지 않는 깊은 계곡으로 들어가 버렸다. 스님은 단 한 칸짜리 허름한 움막 속에 들어가서 받은 식량을 늘어놓고, "아아 피곤해. 부처님의 조력으로 안거[23] 하는 동안 먹을 것도 준비되었습니다."라며 혼잣말을 하고 발을 씻고 침묵했다.

심부름하는 남자는 '매우 희귀한 일도 있구나.' 하고 엿들었다. 날이 저물어서 그 날 밤 돌아올 수 없었기 때문에 나무 그늘에 숨어 누워 있었다. 밤이 새니 법화경을 밤

---

23) 하안거(夏安居)를 가리키며 4월 15일부터 7월 15일까지 90일간 일정한 장소에 묵으면서 수행을 함.

중에 읽는 소리가 매우 경건해서 눈물이 쉴 새 없이 흘러
내렸다. 하인은 곧 일어나서 주인에게 돌아가 자신이 본
모습을 고했다. 주인은 "이미 생각한 대로다. 보통 사람이
아니다."라고 놀라워하며 편지를 썼다.

하인은 스님을 찾아가 현능이 보낸 편지를 읽어드렸
다. "스님께서 어제 소망한 것이 안거할 때 드실 식량인
것 같습니다. 그렇다면 어제 드린 식량이 부족할 것이니
이것을 더 드리겠습니다. 또한 필요한 것이 있으시면 언
제든 꼭 말씀해 주십시오."

하지만 스님은 경을 읽고 있는 중이라 아무 대답도 하
지 않았다. 하인은 더 이상 기다릴 수 없어서 가지고 온
물건을 움막 앞에 놓고 돌아갔다.

현능은 수일이 지나서 스님을 한 번 뵙고자 하는 마음
이 들어 찾아가 보니, 그 움막에는 스님도 없고 전에 드렸
던 식량도 다른 곳으로 갖고 가버린 것 같았다. 하지만 나
중에 드린 물건은 그대로 놓아두었기 때문인지 새랑 짐승
이 음식을 헤집어서 여기 저기 흩어져 있었다.

정말로 불도를 신봉하는 사람은 자신의 덕을 감추려고
일부러 결점을 밖으로 드러내며 사람들로부터 존경받는
것을 멀리 한다. 만약 어떤 사람이 세상에서 은둔하면서
잘 출가했다든가, 훌륭히 수행한다는 평판을 얻으려고 한
다면 이것은 세속의 명예와 평판을 마음에 두는 것보다

더 어리석은 일이다. 그 때문에 어느 경전에서는 "출가자의 명예·평판은 예를 들어 말하면 피로써 피를 씻는 것과 같은 것이다."라고 설명하고 있다. 원래 피는 씻겨 지워지는 것이다. 그러나 피를 씻기 위해서 사용한 피로 역시 더 지저분해진다는 것을 알지 못하는 것이다. 참으로 어리석은 일이 아닐 수 없다.

현빈 스님이 차관의 부인에게 반하다
– 부정관(不淨觀)

옛날 현빈(玄賓)[24] 스님은 매우 덕망 있는 사람으로 모든 계층의 사람이 그를 부처님처럼 생각하고 있었다. 그 중에서도 어느 차관이 현빈 스님을 수년 동안 깊은 신심으로 존경하고 있었다. 그러던 어느 날 현빈 스님이 무엇이라고 할 것 없이 기분이 좋지 않은 채로 며칠인가 지났다.

차관이 불안한 나머지 직접 찾아가서, "어디 편찮으신 곳은 없으십니까, 기분은 어떠십니까."라고 정중하게 문안드리자, 스님은 "가까이 다가와 주세요. 말씀드리고 싶은 것이 있습니다."라며 목소리를 낮추어서 다시 말했다. "지난 번 당신이 계신 곳에 들렀을 때 부인의 모습이 아름

______

24) 1장의 현민(玄敏)과 동일 인물임. 보통 현빈(玄賓)으로 표기함. 본고는 원문에 충실하게 번역했음.

답고 예쁘게 보였습니다. 부인을 잠시 본 뒤부터 정신이 몽롱해지고 마음이 흔들리고 가슴은 터질 듯하였습니다. 이러한 것을 말하는 것은 거리끼는 일입니다만 나는 당신을 마음속 깊이 기댄 지 오래 되었습니다. 어떻게 남처럼 서먹서먹하게 여겨 털어놓지 않을 수 있겠습니까.”

차관은 놀라서 “그렇다면 왜 빨리 말씀하지 않으셨습니까. 매우 간단한 일입니다. 곧 고민을 해결해 버립시다. 우리 집에 와 주세요. 어떻게든 말씀하시는 대로 편의를 봐 드리겠습니다.”라고 말한 후 돌아갔다.

차관이 부인에게 실은 이러이러한 일이라고 자초지종을 설명하니 부인이 “말할 것도 없습니다. 온전한 기분으로 말씀하신 것은 아니겠지요. 매우 한심하고 괴로운 일이지만 당신이 이처럼 간절히 생각하고 계시니 어떻게 거절하겠습니까.”라고 말했다.

차관이 부인의 동의를 얻고 스님의 거처에 심부름꾼을 보내니 스님이 매우 단정하게 승복을 입고 오셨다. 차관은 이상히 여기고 아무래도 이러한 때에 걸맞지 않다고 생각했지만 칸막이를 세워서 준비한 방에 스님을 모셨다. 스님은 부인이 아름답게 차려입고 앉아 있는 것을 두 시간 정도 곰곰이 지켜보며 손톱을 이따금씩 물어뜯었다.

이렇게 부인의 곁에는 가까이 가지도 않고 중문(中門)[25)]의 복도에만 있다가 돌아갔기 때문에 차관은 스님을 더 없이 존경하게 되었다. 이것은 몸의 부정관(不淨觀)을 행해서 그 집착심을 극복한 것이다(부정관이라는 것은 인간 육체의 지저분함을 이해하는 것이다). 그러나 모든 법은 전부 부처님의 가르침이지만 실감이 나지 않는 것이라 우둔한 마음에는 떠오르지 않는다. 그러나 이 부정관이라는 것은 눈에 보이고 이해하기 쉽다. 누구라도 깨닫기 쉽고 관찰하기 쉽다.

"만약 타인에게 애정에 집착하고 또한 자기 자신도 보리심을 갖고 있을 때에는 반드시 이 부정관을 행해야 할 것이다."라는 말이 있다.

대체로 사람의 몸은 뼈와 살로 만든 꼭두각시 인형과 같은 것으로 썩어서 무너진 집과 같다. 오장 육부의 모습은 독사가 또아리를 틀고 있는 형상과 같다. 피는 몸을 맑게 하고 근육은 관절을 연결하고 있다. 얇은 피부 한 장이 덮여져 있기 때문에 이러한 모든 부정이 감추어지고 있는 것이다.

하얀 분을 바르고 향수를 뿌려도 그것이 거짓 장식이라면 누가 알지 못하겠는가. 산과 바다에서 캐어 모은 진미도 먹고 하룻밤이 지나면 전부 부정한 것이 되어 나온다. 소위 그림이 그려져 있는 예쁜 항아리에 지저분한 오

---

25) 평안시대 귀족의 건축양식. 응접실을 에워싼 건물이 각기 복도로 연결
   되어 있음.

물을 집어넣듯 썩은 시체에 금색 옷을 두른 것과 같다. 만약 큰 바다의 물을 모두 길어 씻는다고 해도 깨끗해질 리가 없는 것이다. 비록 백단의 향을 태우는 냄새가 난다고 해도 언제까지라도 오랫동안 좋은 냄새가 나지는 않을 것이다.

하물며 혼이 빠지고 목숨이 끊어져 버린 후에는 공허하게 묘 주변에 버려질 것이다. 몸은 부패해서 살이 썩고 결국에는 백골이 될 것이니 그것이 본래의 모습이라고 하는 것이다. 그럼에도 불구하고 육체 때문에 마음이 이끌리는 것을 싫어해야 한다는 것이다. 이것을 "우둔한 자가 표면적인 아름다움에 빠져서 마음이 흐트러지는 것은, 예를 들어 변소 안의 구더기가 더러운 분뇨를 좋아하는 것과 같다."고 했다.

시료 스님이 덕을 감춘 이야기

옛날 축전국(筑前國)[26]에 시료(時料)라고 불리는 스님이 있었다. 지방의 관청 부근을 지나 인가에 가서 걸식을 하는데 반드시 시료라고만 하고, 불경을 읽지도 않고 부처님 이름을 염불하지도 않았다. 더욱이 그 외의 말은 한 마디도 하지 않았기 때문에 그대로 이 이름이 붙여진 것이다. 아침 저녁으로 항상 모습을 보였기 때문에 만날 때마다 언제나 먹을 것 등을 주었지만 확실히 그가 어떻게 살고 있는가 하는 것은 아무도 알지 못했다.

그러할 때 지방 관청의 관료 중 특히 이 시료에게 마음이 동한 남자가 있었다. 이 남자는 마음속으로 '이 스님의 행동은 아주 이상하다. 그렇다고 해도 몸을 숨길 곳이 없을 리 없다. 아무리 생각해도 덕이 높은 분임에 틀림없다.

---

26) 지금의 복강현(福岡縣).

스님이 살고 있는 곳을 수소문해서 깊이 불연을 맺어야겠다.'라고 생각하고는 스님이 걸식하다가 돌아가는 것을 숨어서 지켜보았다. 뒤를 밟아 가보니 스님은 산 속 깊은, 험한 계곡 속의 황폐해진 신사(神祠)로 들어갔다. 남자가 아주 신기한 일이라고 생각해서 숨어서 들어보니 스님은 해가 질 때부터 밤새껏 불전에서 모든 죄를 참회하는 것이었다.

한밤중이 지날 때부터는 법화경을 읽는데, 남자에겐 그 목소리가 매우 덕스럽게 들려 눈물이 멈추지 않았다. 그렇게 밤을 지샌 후 돌아가려고 할 때 스님이 인기척을 느끼고 여기 저기 찾아 헤맸기 때문에 남자는 발견되고 말았다.

그러자 스님은 곧 남자의 소맷자락에 매달리며 매우 슬퍼하면서, "나는 이 번에 생사의 고해에서 벗어나려고 생각했는데 이 뜻이 다른 사람에게 알려진다면, 악마의 인연도 기세를 얻게 되고 보시도 특히 많아질 것이다. 그렇게 되면 불도 수행에 지장이 있을까봐 덕을 감추고 수 년 동안 이 계곡에 살고 있는 것이니, 짐승 외에는 나를 아는 것이 전혀 없다. 그런데 지금 나의 일을 알아버렸으니 당신은 이미 몇 세기에 걸친 원수이다. 도저히 당신을 용서할 수 없다. 여기에서 함께 목숨을 끊을 뿐이다."라고 말하면서 통곡하는 소리가 계곡을 진동시킨다. 눈물을 너무 많이 흘려 소매를 짜야 할 정도로 얼룩져 버렸다.

이 남자는 공포에 떨면서, "나는 스님의 덕을 존경하고 귀의하고자 방문한 것입니다. 이것이 어찌 잘못된 일이라고 문책하십니까. 나 혼자서 당신의 처소를 알았다는 것이 어느 정도의 죄가 되겠습니까. 오늘 문책은 거두어 주십시오. 영원히, 처자에게도 스님에 대해 발설하지 않겠습니다. 부처님은 반드시 보고 계시겠지요."라고 말했다.

스님이 "어느 한 사람에게 알려졌다는 것조차도 내 뜻에 어긋나지만 당신은 어느 누구보다도 신심이 깊습니다. 그러니까 절대 입 밖에 내서는 안 됩니다. 오늘부터 당신을 의지하기로 하지요."라고 말한 후 서로 약속을 하고는 남자는 돌아갔다.

그 후 이 남자가 사람 눈을 피해서 시료 스님을 방문하니 생각한 대로 왕생했다고 한다. 미리 자신의 죽음을 알고 이 남자에게 고한 것이지만 그 임종이 덕스러웠다는 것을 알았다. 그것은 나중에 다른 사람에게 들은 것이다.

어떤 사람이 말했다. "혼탁한 세상에 있어서 수행하는 사람은 스스로 덕을 감추는 것을, 도둑이 있는 나라에서 보물을 갖고 있을 때와 같이 조심해야 될 것이다. 그 이유는 세상엔 악마와 도둑이 넘쳐 흘러서 기회만 있으면 인간의 선근(善根)을 방해하기 때문이다. 그렇다고는 하지만 깨달음이 깊고 덕이 있는 사람은 모든 신장이 언제나 보호해 주어 악마에게 방해할 기회를 주지 않는다. 혹 나와 같이 무지하고 게으른 자가 쌓은 공덕은 의외로 빈곤한 집에 보물이 많이 있는 것과 같은 것이다.

몸과 마음을 바로 하지 않고 선한 신장이 수호해 주신다고 하는 것은 없다. 다만 겉으로 나타난 현상은 그렇게 보이지 않고, 그 덕을 가슴 속 깊이 숨기고 따로 알리지 않는 것보다 나은 것은 없다. 그 금을 덤불에 싸서 숨기고 보물과 진주를 땅에 묻는 것이다. 가령 덕을 숨긴다고 해도 스스로 분개하는 마음이 있으면 또한 이득이 없다. 악마는 자주 교만함을 수단으로 한다. 예를 들면 도적이 안내인을 쓰는 것과 같은 것이다. 그런데도 불구하고 말세의 스님은 경쟁심이 강하고 명리에 사로잡혀 있기 때문에 자신이 갖고 있지도 않은 덕을 자만하며 다른 사람에게 자랑한다. 이것은 거짓으로 말하는 것 중에서도 가장 큰 중죄이다.

말할 것도 없이 자신의 덕을 들어 다른 사람이 칭찬하는 것을 기뻐하는 것은 만인에게 보통 있는 일이다. 거짓으로 말하는 것이 아니라고 해도 그에 대한 문책 역시 가벼운 것이 아니다. 만약 정말로 후세를 원하는 사람은 가령 한 번이라도 타인이 자신에게 갖추어지지 않은 덕을 칭송하면, 도둑과 살인의 억울한 죄명을 뒤집어 쓸 때와 같이 공포에 떨면서 놀라야 할 것이다. 몸에 털이 솟아날

정도로 놀라고 불안하면 곧 불·법·승을 염불하시오. 태
연히 놀라는 마음이 없으면 그에 대한 문책이 가벼워질
수 없다.

2장 일심으로 발원해서 왕생하다

선명 스님, 각존 스님의 이야기

최근 비예산에 선명(仙名) 스님이라는 덕망 높은 분이 계셨다. 그 근행은 이관(理觀)[27]을 주로 하면서 언제나 염불을 읊고 있었다. 언젠가 수호불을 모신 사당에서 마음을 가라앉히고 사념하자 하늘에서, "아아 덕스러운 일만을 살펴보시는구나." 하는 소리가 났다.

스님이 이상하게 생각해서 "누가 그처럼 말씀하십니까?"라고 묻자 "나는 이 비예산의 삼성(三聖)[28]이다. 그대가 발심한 그 때부터 하루에 세 번 넓은 하늘을 날아서 수호해 주는 것이다."라고 하였다.

게다가 이 스님은 아침과 저녁 식사는 하지 않고 단 한 끼만을 먹는다. 심부름하고 있는 법사가 비예산의 각 승

---

27) 일반적 · 추상적으로 진리를 깨닫고 체득하는 것.
28) 석가, 아미타, 약사여래를 가리킴.

방을 한 차례 돌아서 하루의 음식을 구걸해 부양하는 것 외에는 아무 것도 다른 사람의 보시를 받지 않았다.

그 때 황후가 원을 세워 이 세상의 훌륭한 스님에게 공물을 바치려는 마음을 먹고 여기저기 찾아 나섰다. 이 스님이 덕스럽다는 것을 듣고 곧 자신이 가사를 만들어 드린다고 말하면 받지 않을 것이라고 생각하고 여러 가지 책략을 세웠다. 그래서 소법사를 불러 "생각지도 않은 사람이 주셨습니다."라고 말하게 했다. 그런데 선명 스님은 이 가사를 손에 들고 곰곰이 보더니 "삼세(三世)[29]의 부처님은 거두어 주십시오."라고 하면서 계곡에 버렸다. 이 때문에 계획은 빗나가 버렸다.

대체로 선명 스님은 남이 탐내는 물건을 하나도 아까워하지 않았다. 심지어 승방 마룻바닥의 판자를 원하는 사람이 있어서 승방의 나무 판자를 두세 장 떼어 주기도 했다. 마침 그 때 동탑(東塔)[30]의 겸창(鎌倉)에 살고 있는 친한 친구인 각존(覺尊) 스님이 밤늦게 찾아 왔는데 마룻바닥의 판자가 없는 것을 모르고 있다가 밑으로 떨어졌다. 그 때 스님이 "아 끝났어."라고 한 것을 선명 스님이 듣고 "각존 스님 안 됩니다. 만약에 떨어져서 그대로 죽어버린다고 하는 것은 있을 수 없는 일이지요. '아아 끝났

---

29) 전세(前世), 현세(現世), 내세(來世).
30) 비예산의 중심부. 서탑(西塔), 횡천(橫川)과 함께 삼탑(三塔)의 하나.

어.'라고 하는 임종 최후의 말이 뭡니까. '나무 아미타불'이라고 말하십시오."라고 말했다.

한 번은 선명 스님이 각존 스님이 사는 겸창에 왔다. 그러나 각존 스님이 급한 용무가 있어 손님인 선명 스님을 혼자 두고서 서둘러서 나갔다. 선명 스님은 각존 스님이 나가기 전에 안쪽으로 들어와서 잠시 동안 물건 정리하던 것을 이상히 여겨 각존 스님이 외출한 후에 그 흔적을 살펴보니, 전체의 물건 하나하나에 봉인을 해 놓은 것이었다. 선명 스님은 '아주 좋지 않은 습관이구나. 설마 외출할 때마다 이렇게 봉함하지는 않을 것이다. 나를 의심하면서 이처럼 했을 것이다. 빨리 돌아가는 것이 좋겠다. 이 일로 창피해질 것이다.'라고 생각했다.

그 때 각존 스님이 돌아왔다. 선명 스님은 각존 스님을 보자마자 이 사실을 말했다. 그러자 각존 스님은 "언제나 이렇게 하는 것은 아니고, 물건을 아까워하지도 않습니다. 그러나 당신이 계시기 때문에 이렇게 정돈해 놓은 것입니다. 만약 이 물건 가운데 하나라도 없어진다면 평범한 사람이기 때문에 자연히 당신을 의심할 여지가 생길 것이고, 그것은 커다란 죄를 짓는 것이라고 생각되어 그렇게 한 것입니다. 제 자신의 이러한 마음가짐이 의심스럽기 때문에 그렇게 한 것이지 제가 어찌 스님을 의심하고 이 물건들을 아까워해서 그렇게 했겠습니까."라고 말했다.

이후 겸창의 각존 스님이 먼저 죽었다는 소식을 듣고 선명 스님은 "반드시 왕생을 했을 것이다. 물건에 봉인을 붙일 정도로 재치가 있는 사람이었으니까?"라고 말했다.

그 후 선명 스님은 꿈 속에서 각존 스님을 만났다. 우선 "어느 품계[20]에 다시 태어날 것입니까?"라고 묻자 각존 스님은 "최하위의 하품하생(下品下生)입니다. 거기에 왕생하는 것도 대단한 것이나 당신 덕택으로 이룬 것입니다. 항상 그런 것처럼 다리를 건너기도 하고 길을 만들기도 하는 행동만으로는 왕생할 수 없었겠지요. 당신의 권유에 따라서 때때로 염불을 했기 때문에 왕생할 수 있었습니다."라고 말했다.

또한 선명 스님이 "나는 왕생할 수 있습니까, 어떻습니까?"라고 물었다. 각존 스님은 "왕생은 틀림이 없습니다. 이미 최상위의 상품상생(上品上生)에 왕생한다고 결정되어 있습니다."라고 하였다.

---

31) 극락왕생의 계층을 상품상생에서 하품하생의 아홉 가지로 나누는 것.

상진 스님이 죽은 후에 가사를 반환하다

섭진국의 도변(渡邊)이라는 곳에 수행승의 은거지인 사천왕사(四天王寺)라는 절이 있었다. 그 곳에 승준(暹俊)이라는 스님이 있었다. 승준 스님은 젊을 때 비예산에서 학문에 전념했는데 때마침 이 곳에 머물러 살았던 것이었다. 승준 스님은 어떻게 해서 옛날 문수보살이 법을 설하셨을 때의 연꽃 실로 엮은 가사를 전수 받았을까? 이 가사는 원래 비예산의 선유(禪瑜) 스님이 호법동자(護法童子)[32]를 고용해서 무열지(無熱地)[33]에서 빨게 하던 것이다.

승준 스님에겐 나이가 팔십이 될 때까지 특별한 제자가 없었다. 승준 스님이 주석하던 절 부근의 유진(柳津)이라는 수행승의 은거지에 육십 세 정도의 상진(相眞)이라는

_____
32) 불법수호를 위해 심부름하는 동자 모습의 귀신.
33) 불전에서 말하는 상상의 연못.

스님이 있었다. 그는 이 가사의 유래가 뜻 깊다는 것을 듣고 이것을 전수 받고 싶다는 생각으로 승준 스님의 제자가 되었다. 승준 스님은 "가사를 전수 받았기 때문에 내 제자가 되었다는 뜻은 작은 것이 아니다. 그래서 대의(大衣), 칠조(七條), 오조(五條) 등 세 종류의 옷 중에서 우선 오조를 지금 물려주니, 남은 것은 내가 죽은 후에 상속 받아라."라고 했다. 상진 스님은 기뻐서 이 옷을 지니고 돌아갔다.

그 후 상진 스님이 병에 걸렸는데, 그는 이 가사를 걸치고 제자들에게 "내가 죽으면 이 가사를 반드시 함께 묻어다오."라고 유언하고 죽었다. 그래서 제자들은 상진 스님이 유언한 대로 했다.

그 후 승준 스님은 상진 스님의 제자들을 찾아가 "가사는 모두 상진 스님에게 물려주겠다고 약속했지만 유감스럽게 그가 먼저 죽었소. 그런데 이들 세 장은 제각각 놓아두어야 할 물건이 아니니 전에 드렸던 한 장을 돌려주시오."라는 말을 전했으나 믿지 않았다. 거듭 돌려달라고 요청하자 상진 스님의 제자들은 스승의 유언대로 한 것이 절대로 틀림이 없다는 뜻의 서약서를 써서 승준 스님에게 보냈다. 사태가 그러한 이상 이 말 저 말 할 수도 없기 때문에 한탄하면서 세월을 보내는 중에 일년이 지났다.

1164년 가을 승준 스님의 꿈에 죽은 상진 스님이 와서

"나는 이 가사를 걸친 공덕으로 미륵의 정토인 도솔천의 내원(內院)[34]에 다시 태어났습니다. 단 내가 유언한 대로 가사를 함께 묻었습니다만 세 가지의 옷이 갖추어지지 않은 것을 스님께서 깊이 한탄하고 계시므로 돌려 드립니다. 빨리 상자를 열어 보십시오."라고 했다.

승준 스님이 꿈에서 깨어나 이 석 장의 가사를 넣어 두는 상자를 열어 보니 셋이 원래대로 개켜져서 상자 안에 들어 있었다. 정말로 신이한 일이기에 눈물을 흘리면서 이것을 고귀하게 여겼다. 그 후 승준 스님이 임종할 때 또한 이 가사를 걸치고 왕생했다. 그의 제자인 변영(弁永)이라는 스님이 이 가사를 전수받고 왕생한 것은 승준 스님의 예와 같다. 그 변영 스님이 왕생한 것은 최근 십년 내에 있었던 일이므로 모든 사람이 전해 들었다.

옛날 이야기 등에는 대단한 일이 많지만 그 자취는 해가 갈수록 희미해져 간다. 세상이 변하고 사람의 공덕도 적어져서 신비한 영험이 나타나는 일은 좀처럼 없다. 이상 서술한 이야기는 혼란스런 말세에 있어서는 희귀한 일이다. 그래서 불도에 귀의하기 위해서 일부러 가사에 참배하는 사람이 많은 듯하다.

---

34) 미륵 보살이 부처가 될 때까지 여기에서 설법을 행함.

진정방 스님이 잠시 괴물이 되다

　최근에 살던 이 중에 조우(鳥羽) 승정이라고 덕이 많은 분이 계셨다. 조우 승정의 제자로 오랫동안 같은 승방에 계시던 스님이 있었는데 이름을 진정방(眞淨房)이라고 했다. 그는 왕생을 원하는 뜻이 깊었다.

　스승인 조우 승정에게 "세월이 흐르는 것에 따라 후세가 두려워지므로 불교의 교리를 배우는 것을 그만 두고 오로지 염불을 하려고 생각하고 있는데 법승사(法勝寺)의 삼매승(三昧僧)[35]의 직책이 비었습니다. 거기에 추천해 주십시오. 은둔해서 삼매승의 급여로 연명하고 극락왕생을 이루려고 합니다."라고 아뢰자, 승정은 "그처럼 생각한 것은 대단한 일이다."라고 하면서 곧 법승사에 청해서 삼매 승이 되게 하였다. 그 후 진정방 스님은 조용히 염불 삼매

---

35) 오로지 불경을 읽고 염불을 하는 스님.

에 들 수 있는 승방에서 희망한 대로 끊임없이 염불을 외우며 세월을 보냈다.

옆의 승방에 예천방(叡泉坊)이라는 스님이 있는데 이 스님도 똑같이 후세를 생각하고 있지만 그 근행은 진정방 스님의 것과는 달랐다. 그는 지장보살을 본존으로 모시고 여러 가지 수행을 했다. 많은 나병환자를 불쌍히 여겨서 그들에게 아침 저녁으로 물건을 공양했다. 진정방 스님은 아미타부처님을 의지해서 쉴 틈도 없이 아미타불을 염불하며 극락에 왕생하기를 원했고, 거지를 불쌍히 여겼기 때문에 여러 거지들이 모여들었다. 두 사람의 수행자는 둘 사이에 울타리 하나를 두었을 뿐이지만 각각 습관이 되어서 문둥병자는 진정방 스님에게, 걸인은 예천방 스님에겐 구걸하지 않았다.

이렇게 하는 동안에 그 조우 승정이 병이 나서 임종을 맞이하게 되었다는 소식을 듣고 진정방 스님이 문안을 드리러 찾아갔다. 승정은 매우 쇠약해져서 누워 있는 곳으로 진정방 스님을 불러들여서 말했다.

"근래 단지 이삼 년 떨어져서 생활했는데 그렇게도 그리워지더구나. 그런데 이제부터는 오랫동안 떨어지려고 한다. 오늘 만남이 이 세상에서 마지막이다."라며 말이 끝나기도 전에 우셨다.

이 때문에 진정방 스님은 매우 슬프게 여겨서 눈물을

억누르고 "그처럼 생각하지 마십시오. 오늘은 헤어져도 내세에 반드시 다시 만나서 스님을 섬기겠습니다."라고 말했다. 승정이 "이처럼 같은 일을 생각하는 것은 매우 기쁜 일이다."라고 말하고 쉬셨기 때문에 진정방 스님은 울면서 절로 돌아갔다.

그 후 얼마 안 있어 조우 승정은 돌아가셨다. 이렇게 해서 몇 년인가 지난 후 근처에 사는 예천방 스님도 편치 않아서 지장의 연일(緣日)[36]에 해당하는 이십사일 새벽 지장보살의 이름만을 외우며 매우 훌륭하게 왕생을 이루었기 때문에, 이를 보았다든지 혹은 들은 사람은 모두 그것을 귀중하게 여겼다.

진정방 스님도 그에 못지 않게 왕생을 원하는 수행자이기 때문에 반드시 왕생을 이룰 수 있는 사람이라고 단정했다. 그로부터 이년 정도 지나서 진정방 스님이 갑자기 정신착란을 수반하는 중병에 걸려서 죽었다. 주위 사람은 모두 안타까워하며 유감스럽게 여기면서 세월을 보냈다.

진정방 스님의 노모가 나중에 자식의 죽음을 듣고 뒤늦게 슬퍼했는데, 친한 사람들이 모여서 소란을 떨자 이

---

36) 신불의 강탄이나 성불 등의 연유로 공양하고 재를 올리는 말.
　　우리 나라와는 달리 일본에서는 음력 24일이 지장의 연일(緣日)이며,
　　24일에 죽는 것은 지장행자왕생담(地藏行者往生譚)의 하나의 형태이다.
　　참고로 음력 18일은 관세음보살(觀世音菩薩)의 연일(緣日)이다.

어머니는 "나(진정방)는 특별히 원령(怨靈)이라고 할 수 없습니다. 죽은 진정방이 찾아온 것입니다. 나의 모습을 누구도 이해하기 어렵기 때문에 또한 그 일도 말씀드리려고 합니다. 나는 오로지 명예, 이익, 욕망을 버리고 후세를 위해서 근행하는 것 외에 아무 것도 하지 않았기 때문에 생사의 미로를 헤매는 몸이 아닙니다.

하지만 나의 스승인 조우 승정이 사별을 애석하게 여기셨을 때 '후생에 반드시 만나서 섬기겠습니다.' 라고 말씀드린 바 있습니다. 그 일을 지금 계약서처럼 만들어서, 그 약속을 반드시 지켜야 한다며 어떻게든 틈을 주시지 않았기 때문에 생각지도 않게 천구(天狗)[37]가 사는 세계로 떨어지게 되었습니다. 승정을 오로지 부처님처럼 의지한 채로 쓸데없는 약속을 해서 이처럼 어이없는 일을 겪게 되었습니다. 다만 천구라고 하는 것은 기한이 있습니다. 내년은 기한인 만 육 년이 됩니다. 그 육 년째 되는 해에는 꼭 이 길을 벗어나서 극락에 가고 싶다고 생각하고 있으니, 반드시 지장 없이 이 고통을 벗어나도록 보리를 공양해 주십시오.

그렇다고 해도 살아 있을 때 희망대로 어머니가 먼저 돌아가신다고 하면 그 어머니를 위해 선지식이 되어서 후세를 위해 염불하겠습니다. 또한 만약 내가 먼저 죽는다

———
37) 1장 5화의 주 12를 참조.

면 어머니를 인도하도록 기원하겠습니다. 의외로 지금 이러한 몸이 되어서 가까이 찾아뵈니 어머니를 괴롭히는 것이 되었다고 말씀드리는 것입니다."라고 하며 말도 끝내지 않은 채 흐느껴 운다. 듣고 있는 사람은 모두 눈물을 흘리며 그녀를 불쌍히 여겼다.

그녀는 잠시 동안 느리게 이야기하며 가끔 하품을 하기도 하면서 본래 상태로 돌아왔기 때문에 불경을 열심히 서사(書寫)해서 공양했다. 이렇게 하는 동안에 세월이 지났다. 그 해 가을이 되자 진정방의 어머니 또한 병에 걸렸다.

여러 가지 이야기를 하는 동안에 그 어머니가 다음과 같이 말했다.

"여러분, 전에 나타난 진정방이 또 찾아왔어요. 진정방이 찾아온 이유는 열심히 후세를 위해 공양해 주신 것에 대해 여러분에게 답례를 하려고 생각해서입니다. 게다가 새벽에는 반드시 고통의 세계에서 벗어나 깨달음의 길에 들어갑니다. 그래서 그 증거를 보여 주려고 생각하기 때문입니다. 매일 내 몸에서 썩은 냄새를 맡아 보십시오."라고 하는데 숨을 들이쉬고 내뱉을 때마다 집안에서 악취가 나서 참을 수가 없었다.

그렇게 해서 매일 밤 이야기를 하는 중 새벽이 되자 "지금 벌써 부정한 몸을 깨끗이 하고 극락에 가려고 합니

다."라고 하며 또한 숨을 내쉬었는데 이번에는 좋은 향기
가 나서 그것이 집안에 가득 찼다.

　그 이야기를 들은 사람은 "예를 들어 공덕을 쌓은 사람
이라도 반드시 만나자는 맹세를 해서는 안 된다. 그는 정
토로 가는 길을 헛디뎌서 악도에 들어간 탓에 이와 같은
모습이 되었던 것입니다."라고 말했다. 반드시 사려분별
이 중요한 것이다.

조중이 단 한 번의 염불로 왕생하다

영구(永久)[38]의 무렵, 전에 궁중의 잡무를 처리하는 부서에 소속되어 경비를 맡았던 무사로 조중(助重)이라는 인물이 있었는데 근강국(近江國) 포생군(蒲生郡)[39]의 사람이다. 그는 도둑에 의해 살해되었을 때 그 화살이 등에 꽂히는 순간 "나무 아미타불"이라고 오로지 한 마디 외치고 죽었다. 그 목소리가 낭랑해서 옆 마을까지 들렸다. 사람들이 와서 그를 보자 서쪽을 향해서 앉은 채로 눈을 감고 있었다.

그 때 적인(寂因) 스님이라는 사람이 있었다. 조중과 서로 알고 지내던 사람이지만 집이 가깝지 않기 때문에 이

---

38) 1113~1118년. 경안본은 승구(承久, 1219~1221 장명(長明)의 사후임)이나 신궁본에 의해 정정.
39) 지금의 자하현(滋賀縣) 포생군(蒲生郡).

사실을 몰랐다. 그 날 밤 꿈에 광야를 가는데 길 옆에 죽은 사람이 있었다. 스님이 많이 모여서 말하길 "여기에 왕생한 사람이 있다. 당신도 이것을 보시오."라고 한다. 가 보니 조중이었다. 이런 내용을 꿈속에서 보고 나서 꿈을 깨었다. 이상하다고 생각하는 가운데 다음 날 아침 조중이 심부름시키는 아이가 왔다. 아이로부터 조중이 죽은 내용을 들으면서 조중이 왕생했음을 확신할 수 있었다.

또한 어느 승려가 근강국(近江國)에서 수행하며 걸어갔다. 꿈속에서 어떤 사람이 "지금 왕생하는 사람이 있다. 가서 불도의 인연을 맺는 것이 좋다."라고 했다. 그 장소는 조중의 집이었다. 시간도 같았다고 한다.

조우 승정이 오랫동안 쌓은 행동과 덕은 조중이 한 마디 읊은 염불과는 비교가 되지 않을 정도로 상이하지만, 승정은 악도에 머무르고 조중은 정토에 태어났다. 이것을 보면 알 수 있을 것이다. 범부의 어리석은 마음으로 사람의 행동과 덕망의 정도를 헤아리기는 어려운 것이다.

귤 장관이 발원해서 왕생하다

상반(常磐)[40] 지방에 귤수조(橘守助)라는 장관이 있었다. 나이는 팔십여 세가 되었지만 불법을 몰라서 재일(齋日)[41]이어도 정진하지 않았다. 법사를 보고도 존경하는 마음이 없었다. 만약 불법을 알고 권하는 사람이 있으면 오히려 이를 조롱했다. 모두 그를 더할 나위 없이 어리석은 사람이라고 보았다.

그런데 수조가 이여국(伊予國)에 있는 영지에 갔다. 때는 영장(永長)년[42] 가을, 그는 특별한 병도 없이 임종을 맞아 올바른 마음을 갖고 왕생했다. 수마(須磨)[43] 쪽에서 자색 구름이 흩어져서 좋은 향기가 넘치고 상서로운 징표가

---

40) 경도시 우경구(右京區) 주변.
41) 재가 신자가 특히 정진해야 하는 날.
42) 1096~1097년.
43) 지금의 신호시(神戶市).

있는 것이 확연했다. 이것을 보는 사람이 이상하게 여겨서 그의 처에게 "어떠한 근행을 했는가."라고 물었다. 처가 "주인은 마음이 원래부터 비뚤어져 있어서 공덕을 쌓는 일은 하나도 없었습니다. 단 재작년 6월부터 매일 저녁 몸을 깨끗이 하지도 않고 의복을 단정히 하지도 않은 채 서쪽을 향해서 종이 한 장에 쓴 문장을 읽고 손을 모아서 참배해 왔습니다."라고 했다.

그 문장을 찾아내서 읽어보니 서원을 세운 문서였다. 그 말씀에 "제자인 내가 엎드려서 비오니 서방 극락정토의 교주(敎主), 아미타여래, 관음보살, 세지보살, 모든 부처님께 고합니다. 인간의 모습으로 태어나는 것은 어려운데도 불구하고 나는 그 인간의 몸으로 태어났습니다. 다만 불법을 대해도 내 마음은 원래부터 우둔한데다 더욱이 수행한다고 하는 일도 없었습니다. 까닭도 없이 시간을 보내고 허무하게 죽음을 눈앞에 두고 있습니다. 그러나 아미타여래는 우리들 인간과 인연이 깊으시기 때문에 더러워진 말세의 사람들을 구하려고 커다란 서원을 일으킨 일이 있습니다. 그 취지는, '예를 들어 사중(四重)[44], 오역(五逆)[45]의 대죄를 범한 사람이어도 목숨이 끝날 때 이 정토에 다시 태어나게 해 달라고 기원하며, 나무 아미타불

---

44) 살생, 도둑질, 사음(邪淫), 거짓말.
45) 어머니, 아버지, 아라한을 죽이는 것과 불상, 승려의 화합을 손상하는 것.

이라고 열 번 말한다면 내가 반드시 마중하러 온다.'는 것입니다.

이제 이 아미타부처님의 서원을 세우려고 오늘 이후 매일 저녁마다 서쪽을 향해서 열심히 아미타불을 읊습니다. 부탁드립니다. 만약 오늘 자고 있는 중에 수명이 다한다면 이것을 끝으로 '나무 아미타불'을 열 번 염불하는 것이 되니 약속한 대로 마중 나오시어 극락으로 인도해 주십시오. 예를 들어 아직 수명이 있어서 오늘 밤이 지난다고 해도 임종할 때 염불할 수가 없다고 하면 매일 염불이 끝날 때 열 번 아미타불을 읊고 싶습니다. 나는 죄가 많다고 해도 아직 오역의 죄를 짓지는 않았습니다. 공덕은 조금밖에 쌓지 않았지만 극락에 태어나기를 깊이 원하고 있습니다. 아미타부처님의 서원에 거역하는 것과 같은 일은 없습니다. 반드시 나를 정토로 이끌어 주십시오."라고 되어 있다. 이것을 본 사람은 눈물을 흘리면서 그를 존경했다.

그 이후 이 문장으로써 아미타부처님의 서원을 믿고 극락왕생을 원하는 사람이 많았다고 한다. 또한 어느 스님은 이처럼 발원문을 읽지는 않았지만, 계절이 바뀔 때마다 이것이 최후라고 마음을 굳게 먹고 여러 번 아미타부처님의 이름을 읊었는데, 이렇게만 해서 왕생을 이루었다고 한다.

아미타부처님을 읊은 것이 적을지라도 언제나 무상을

깨닫고 왕생을 마음에 두는 것이 가장 중요한 것이다.

"만약 사람이 잊지 않고 언제나 마음으로 극락을 생각하면 목숨이 끊어질 때 반드시 극락정토에 다시 태어난다. 예를 들면 식목이 구부러져 있는 방향으로 쓰러지는 것과 같다."라는 말이 있다.

어느 스님이 손님을 만나지 않는다는 이야기

오랫동안 구도심이 깊고 염불을 게을리 하지 않는 스님이 계셨다. 아는 사람이 면회하려고 일부러 찾아왔지만 스님은 "중요한 용무가 있어서 여유가 없으니 아무도 만날 수 없습니다."라고 했다. 제자가 이상하게 생각해서 그 사람이 돌아간 후, "손님이 허무하게 돌아갔습니다. 왜 만나지 않으셨습니까?"라고 묻자, 스님은 "보통으로는 얻기 어려운 인간의 몸으로 나는 태어났다. 이번에는 생사의 고통을 벗어나서 극락정토에 태어나려고 한다. 나에게 있어서 염불한다는 것은 더할 나위 없이 중요한 일이다. 이 이상으로 소중한 일이 어찌 달리 있겠느냐."라고 말했다. 이 일이 그다지도 심각하게 생각되는 것은 내가 그렇지 못하기 때문일 것이다.

"오늘 이 일을 하고 내일 저 일을 만들려고 한다. 세속

적인 일을 즐거워하고 그것에 집착해서 우리들이 받고 있
는 고통을 인식하지 못하고, 죽음이라는 적이 자신에게
가까이 있는 것을 알지 못한다."라고 좌선삼매경(坐禪三昧
經)에서 말하고 있다.

세상 사람들 중 누구도 후세를 생각하지 않는 사람은
없다. '오늘 이것을 하고, 내일 저것을 하자.'라고 생각하
는 중에 무상이라는 적이 가까이 와서 목숨을 끊는다고
하는 것을 알지 못하는 것이다.

근강국의 '오히려'라는 말을 되풀이하는 노인의 이야기

옛날 근강국(近江國)[46]에 걸식을 하면서 걸어다니는 노인이 있었다. 서 있거나 앉아 있거나 보거나 듣거나 언제든 '오히려'라는 말만 해서, 그 나라 사람들이 '오히려 노인'이라고 이름 붙였다. 특별한 덕망은 없었지만 수년 동안 사람들의 마음을 사서 물건을 동냥하러 다녔다. 이 때문에 사람들도 모두 알고 있어서 노인을 발견하면 보시를 했다.

그 때 대화국(大和國)[47] 어느 스님의 꿈에 이 노인이 반드시 왕생할 사람으로 보였기 때문에 스님은 불도와 인연을 맺으려고 이 노인을 방문코자 하였고, 곧 이 노인의 움막에 머물렀다. 노인이 밤에는 어떤 행동을 할까 하고 귀를

---

46) 지금의 자하현(滋賀縣).
47) 지금의 나량현(奈良縣).

기울였지만 전혀 근행을 하는 모습은 보이지 않았다. 스님이 "어떠한 수행을 하는 것입니까?"라고 묻자 노인은 "어떤 수행도 하지 않는다."고 대답했다. 스님이 거듭 "나는 정말로 당신이 왕생할 사람이라는 꿈을 꾸었기 때문에 일부러 방문했습니다. 감추지 말아 주십시오."라고 말했다.

그 때 노인은 "나는 실제로 하나의 행동을 하고 있습니다. 그것은 '오히려'라고 하는 말입니다. 굶을 때에는 아귀의 괴로움을 생각해서 나보다 그 쪽이 오히려 괴로울 것이라고 말합니다. 춥고 더울 때에는 한습의 지옥을 생각해서 이처럼 말합니다. 여러 가지 괴로움을 당할 때마다 더 심한 악도에 떨어질 수 있음을 점점 두려워합니다. 맛있는 것을 맛볼 때는 '하늘의 감로는 이것보다 오히려 맛있을 것이다.'라고 생각해서 이 음식에 집착하지 않습니다. 만약 아름다운 색을 보고 깨끗한 목소리를 듣고 향기로운 냄새를 맡게 되면, '특별히 내세워 말할 만한 것이 아닐 것이다. 극락정토에 있는 것은 무엇이든 오히려 얼마나 멋있을까.'라고 생각해서 이 즐거움에 빠지지 않습니다."라고 말했다.

스님은 이 이야기를 듣고 눈물을 흘리며 손을 마주잡고 참배하며 돌아갔다. 반드시 극락정토의 아름다움을 관찰하는 것이 아니면서도 일에 따라서 도리를 생각하는 이것 또한 왕생의 인연을 맺게 될 것이다.

이여 스님이 고용한 나이 많은 행자의
머리에서 빛이 나타나다

나량(奈良)지방에 이여(伊予) 스님이라는 분이 있었다. 그는 백하원(白河院)[48]의 시대쯤이나 그 가까운 시대의 사람일 것이다. 이여 스님이 수년 동안 고용하고 있던 나이 많은 행자가 있었다. 행자는 아침 저녁으로 염불을 읊고 조금도 태만하지 않았다.

언젠가 스님이 밤을 새우고 일이 있어서 외출할 때 이 행자가 마차 앞을 불을 비추면서 걸어가는 것을 보니, 불빛에 비치어서 머리 위에 빛이 나타나고 있었다. 매우 진귀한 일이라고 생각하고 사람을 불러서 이 불을 마차 뒤쪽에 비추게 했다. 이렇게 한 다음 마차를 전진시켜서 이것을 보면 역시 전처럼 환한 것이다. 뭐라고 할 수 없는

48) 제27대 천황으로 1072년에서 1086년까지 재위.

광경이었다.

그 후 스님은 이 행자를 불러서 "당신은 나이도 많이 먹었습니다. 이렇게 염불을 하는 것은 매우 존경할 만한 일입니다. 지금 행자로서 일하는 것은 염불하는 데 장애가 됩니다. 일에 쫓기지 말고 일심으로 염불을 해 주세요. 그렇게 하신다면 생활할 양식으로 약간의 전답을 나누어 주겠습니다."라고 했다.

이에 행자는 "무엇을 불만스럽게 생각하고 계십니까. 심부름을 하고 있어도 염불에 지장이 없습니다. 내가 할 수 있는 한 심부름을 하려고 생각하고 있습니다. 그렇게 말씀하시는 것이 도리어 유감스럽습니다."라고 했다.

스님은 그 때문이 아니라고 하며 그 이유를 차근차근 말했다. 행자는 "그러면 신중하게 처리하겠습니다."라고 하면서 이 기증 받은 밭을 심부름하는 두 아이에게 나누어줌으로써 자신의 식사 시중을 들게 했다. 그렇게 해서 홍복사 옆에 있는 연못 주위에 한 칸의 움막을 짓고 한층 더 여념 없이 염불했기 때문에 희망대로 임종 때 마음이 혼란되지 않고 서쪽을 향해 손을 모으고 죽었다.

왕생은 지혜의 유무에 의해서 결정되지 않고 산림에 은거하는지 어떤지에 의한 것도 아니다. 다만 열심히 공덕을 쌓은 자가 이처럼 왕생할 수 있는 것이다.

이여국의 재가신도가 왕생하다

이여국의 태수인 원뢰길(源賴吉)은 젊었을 때부터 죄만 짓고 조금도 뉘우치는 기색이 없었다. 게다가 천황의 명령이라고 하면서 동북 지방에 부임해서 십이년 간 모반을 일으키던 사람들을 죽이고 그 일족이 소유하고 있던 토지를 빼앗아 버린 것이 셀 수 없을 정도이다.

인과의 도리가 실제로 있다면 지옥에 떨어지는 벌을 받을 것은 의심할 여지가 없을 것이다. 미노와[49] 스님이라고 해서 둔세하는 자가 있었다. 마침 미노와 스님이 원뢰길을 만나서 "이 세상이 여하간에 무상하지만 자신이 저지른 죄의 대가가 얼마나 무서운 것인가." 하자, 원뢰길은 곧 그 말뜻을 이해하고 발심해서 머리를 깎고 오로지 극락에 왕생하기를 기원했다.

---

49) 본문에 한자 없음.

미노와 스님이 지은 법당은 이여 스님의 집과 마주보고 좌녀우소로(左女牛小路)와 서동원(西洞院) 대로가 교차한 곳에 있다. 이 법당은 미노와 법당이라고 해서 근래까지 있었다. 원뢰길은 그 법당에서 근행을 하는 중에 옛날에 지은 죄를 참회하고 슬퍼해서 흘린 눈물이 마룻바닥에 떨어져서 모인 것이 큰 마루에 닿고 그 곳에서부터 흘러내려서 정원에까지 떨어질 정도로 울었다.

그 후 원뢰길이 "지금은 왕생의 기원을 틀림없이 이룩하려고 합니다. 계속해서 고난을 뛰어 넘으려는 용감하고 강한 마음이 일어나는 것은 그 옛날 의천(衣川)의 관(館)[50]을 공격하려고 한 때와 같은 듯합니다."라고 말했다고 한다. 실제로 임종 때 평온하게 왕생한 연유가 전기에 기록되어 있다.

많은 죄를 지었다고 해서 낙심할 것은 아니다. 깊이 발심해서 근행하면 왕생할 수 있는 것은 지금 보아온 대로이다. 원뢰길의 아들에겐 그를 이끌어 줄 덕이 높은 사람도 없고 뉘우치려는 마음도 일어나지 않았기 때문에 죄를 없앨 방법도 없었다. 중병에 걸렸을 때 마주보고 살았던 여종이 꿈을 꾸니, 여러 가지 두려운 모습을 한 것이 셀 수 없을 정도로 많이 그 주변을 포위했다. "어찌된 일입니까?"라고 묻자, "사람을 묶는 것이다."라고 말한다. 잠시

후에 한 남자가 달려와서 행렬의 선두에 명찰을 붙이고
있는 것을 보니 '아비지옥의 죄인'이라고 쓰여져 있다. 꿈
에서 깨어나 매우 이상하게 생각해서 물어보니, "오늘 새
벽 벌써 돌아가셨습니다."라고 한다.

찬기국의 원장관이 갑자기 발심해서 왕생하다

찬기국(讚岐國)[51]의 어느 군인가 원(源) 대부(大夫)[52]라
는 사람이 있었다. 그와 같은 사람들은 일반적으로 불법
이라는 말조차 모른다. 그들이 아무 거리낌없이 살생을
하고 사람을 죽였기 때문에 사람들이 모두 두려워하였다.

어느 날 원 장관이 사냥을 하고 돌아가는 도중에 부처
님께 공양을 올리고 있는 사람의 집 앞을 지나는 데, 설법
을 듣는 사람들이 많이 모여 있었다. 이를 보고 "무엇을
하는데 이렇게 사람들이 많은 것인가?"라고 물었다. 종자
가 "새로 만든 불상, 불화 등을 법당에 안치할 때 행하는
의식을 하고 있는 것입니다."라고 했다. 장관은 "그것이
정말인가. 재미있을 것 같다. 이러한 것은 아직 본 적이

---

51) 지금의 향천현(香川縣).
52) 옛날 중앙 관청의 장관.

없다."라고 하면서 말에서 내려 사냥할 때의 모습대로 사람을 불러모아 안으로 들어갔다.

그는 엎드려 있는 많은 사람들의 어깨를 넘어 스님이 설법하고 있는 쪽에 가까이 와 앉아서 불법이 무엇이냐고 물었다. 스님은 두려웠지만 설법을 일시 중지하고 나서 아미타부처님이 사람들을 구하려는 서원과, 극락은 즐거운 곳이고, 이 세상은 괴롭고 무상한 곳이라는 점 등을 상세하게 설명하였다.

원 장관은 "매우 감동적인 일이군요. 만약 내가 법사가 되어서 그 아미타부처님이 계시는 쪽에 가려고 열심히 아미타부처님을 부르면 대답해 주실까요?"라고 물었다. 스님은 "정말로 깊게 믿고 발심하신다면 반드시 대답해 주시겠지요."라고 대답했다. 원 장관은 "그렇다면 지금 곧 나를 법사로 해 주시오."라고 했다. 스님은 생각한 바 있으나 아무 것도 말하지 않았다.

그 때 종자가 다가와서 "오늘 당장 출가하는 것은 매우 성급하다고 봅니다. 집으로 돌아가신 연후에 준비를 해서 출가하신다면 한층 더 좋겠지요."라고 했다. 장관은 벌컥 화를 내고 "너와 같은 어리석은 소견으로 어떻게 해서 내가 생각한 것을 방해하려는가."라고 하며 눈을 부릅뜨고 큰 칼을 휘둘렀기 때문에 종자는 공포에 질려서 도망가 버렸다. 이에 그 곳에 있던 사람들도 모두 새파랗게 질렸다.

원 장관이 가까이에 다가와서 "지금 곧 머리를 삭발하지 않으면 가만히 있지 않겠다."라고 끊임없이 채근했기 때문에 스님은 할 수 없이 그를 법사로 만들었다. 원 장관은 승복 가사를 받아 입고 그 자리에서부터 서쪽을 향해서 목소리가 나는 한 '나무 아미타불'을 염불하면서 걸어갔다. 원 장관의 염불 소리를 들은 사람들은 눈물을 흘리면서 고마워했다.

이렇게 해서 며칠 동안 서쪽으로 멀리 걸어가고 있는데 그 끝에 산사가 있었다. 그 산사에 있는 스님이 원 장관의 모습을 이상하게 생각하며 그간의 사정을 물었다. 원 장관이 그 동안 있었던 일을 사실대로 말하자, 스님이 존경하는 마음이 생겨, "그래도 배가 고프셨지요."라며 주먹밥을 싸서 건네자, 장관은 "전혀 음식을 먹고 싶은 마음이 없습니다. 다만 부처님이 대답을 해 주신다면 산림, 바다, 강이든 목숨이 있는 한 가려고 하는 마음만이 강하고 그 외의 것은 아무 것도 생각하지 않습니다."라고 하며 서쪽을 향해 부처님의 이름을 부르며 앞장서서 걸었다.

그 절에 또 다른 스님이 있어 원 장관의 뒤를 따라갔다. 원 장관은 아득히 먼 서쪽 해안에 돌출되어 있는 산 쪽의 바위 위에 앉아 있었다. 원 장관이 "여기에서 아미타부처님이 대답을 해 주시기 때문에 기다리고 있습니다."라고 말하고서 목소리를 크게 하여 아미타부처님을 부르니 정말로 바다 서쪽에서 소리가 희미하게 들려왔다. "들으셨습니까? 이제 돌아가 주십시오. 그리고 칠 일이 지나면 한 번 더 오셔서 내가 어떻게 되어 있는가 그 모습을 보아주십시오."라고 하는 바람에 스님은 울면서 돌아갔다.

그 후 칠 일이 지난 뒤 그 스님이 산사의 승려를 많이 불러서 함께 가보니 원 장관이 원래의 모습은 조금도 변하지 않고 손을 모은 채 서쪽을 향해 자는 듯이 앉아 있었다. 원 장관의 혀 끝에 푸른 연꽃 한 송이가 피어 있었다. 그 모습을 부처님인 양 참배한 후 연꽃을 따서 태수에게 바쳤다. 태수는 수도로 올라가서 이것을 우치전(宇治殿)[53] 에게 드렸다. 공덕을 쌓은 것은 아니지만 뒤늦게나마 이렇게 부처님을 믿는 마음이 깊으면 왕생하는 것 역시 이와 같다.

어느 선사가 보타락가산에 참배한 이야기,
하동 스님의 이야기

　최근 찬기국에 삼위(三位)라는 사람이 있었다. 그 사람의 유모의 남편은 스님이었는데 오랫동안 왕생을 기원하고 있었다. 그는 마음속으로 '내 몸의 상태가 만일 생각대로 되지 않는다고 하자. 만약 나쁜 병 등에 걸려서 임종이 희망대로 되지 않는다면 오랫동안 바라던 왕생을 이루는 일은 극히 어렵다. 병에 걸리지 않고 죽는 경우에 있어서도 임종 때의 마음이 안정되어 있으리라고 바랄 수 없다'고 생각해서 분신해서 왕생하려고 했다.

　그래서 뜨거운 것을 참을 수 있을까 시험하려고 괭이 두 개를 빨갛게 될 때까지 달구어서 양 옆구리에 끼고 잠시 동안 그대로 있으니 불타는 모양은 차마 눈뜨고 볼 수 없을 지경이다. 잠시 있다가 '대단한 것은 없다' 라고 하면서 그 준비를 하는 동안 그에게 '몸을 분신하는 것은 가능할 것 같다. 그러나 다시 태어나서 극락에 가도 의미가 없고, 또한 범부의 일이니, 임종할 때는 어떨까' 라고 의심하는 마음이 일어났는지도 모른다. 보타락가산이라는 곳은 이 현세에서 살아 있는 몸 그대로 참배할 수 있는 곳이다. 그래서 그는 그 곳에 가려고 생각하였다. 곧 화상 치료를 그만 두고 토좌국(土佐國)[54]의 잘 아는 곳에 가서 새로운 작은 배를 한 척 얻어 아침, 저녁으로 이 배를 타고 배 꼬리 잡는 법을 연습했다.

그 후 배의 조타수에게 부탁해서 "북풍이 끊임없이 불어올 때를 가르쳐 주시오."라고 부탁해서 그 바람이 불기 시작하자 그 작은 배에 돛을 달고 혼자서 남쪽을 항해 출범해 버렸다. 그에겐 처자가 있었지만 이 정도로 굳게 결심한 일이었기 때문에 중지시키고자 해도 도리가 없었다. 처자는 허망하게 배가 간 쪽을 바라보고 울면서 슬퍼했다. 그 당시 그를 지켜본 사람들은 보통 결의가 아니므로 그가 반드시 보타락가산에 닿을 것이라고 생각했다.

일조원(一條院)[55]의 시대에도 하동(賀東) 스님이 이러한 방법으로 제자 한 사람을 데리고 보타락가산에 가려고 했으니 그 사람은 그 때의 일을 본받은 것일까.

---

54) 지금의 고지현(高知縣).
55) 제66대 천황, 986~1011.

어느 시녀가 천왕사에 참배하고서
바다에 투신하다

조우원(鳥羽院)[56]의 시절 어느 황녀의 자식 밑에서 시녀로 일하는 어머니와 딸이 있었다. 수년이 지난 후에 이 딸은 어머니보다 앞서 죽어버렸다. 어머니의 비통스런 마음은 한이 없었다. 얼마 동안은 주위의 시녀들도 "한없이 슬프시겠지요. 지당한 일이지요."라고 말하며 위로해 주었다. 그렇게 일 이년 정도 지났다.

그러나 어머니의 슬픔은 조금도 진정되지 않았다. 오히려 점점 세월이 지남에 따라 슬픔은 깊어가기만 해서 상황이 좋지 못한 때도 많았다. 다른 사람을 축하해야 하는 날 등 눈물을 참지 않으면 안 되는 때에도 분별없이 눈물을 흘렸다. 그것이 다른 사람들 눈에 띄었다.

---

56) 제 74대천황.

　　결국 사람들은 "그 사람은 어째서 그런가. 사람과 사별하는 것은 당연한 일이고 지금 일어난 일도 아닌데."라고 하며 심하게 비난하면서 소란을 피웠다. 이렇게 세월이 흐르고 삼 년째 되는 어느 날 새벽 그녀는 다른 사람에게 말하지 않고 잠시 나가는 듯한 모습으로 궁중을 빠져나갔다. 옷 한 벌, 그리고 손 궤 하나만을 보따리에 넣고서 심부름 하는 아이에게 맡겼다. 수도를 지나서 조우(鳥羽)[57] 쪽으로 향하자 이 여자아이는 이상하게 생각했다. 점점 더 나아가자 날이 저물었기 때문에 그 날은 교본(橋本)이라는 곳에서 묵었다.

　　밤이 새자 다시 출발했다. 결국 그 날 저녁 사천왕사(四天王寺)[58]에 도착했다. 거기서 방을 빌리면서 "여기서 칠일 동안 염불을 해야겠는데 수도를 떠날 때는 그 준비를 하지 않았습니다. 다만 저와 여자아이뿐입니다."라고 하며 가지고 온 옷을 하나 벗어서 주인에게 주었다. 주인은 "좋습니다"라고 말하며 칠일 동안 염불할 수 있도록 준비를 해 주었다.

　　여자는 이렇게 매일 법당에서 부처님을 참배하면서 다른 생각 없이 일심으로 염불을 하고 있었다. 손궤와 옷 두 벌은 사리탑 앞에 바쳤다. 예정된 칠일이 지났으니 경도

---

57) 지금의 경도시. 수도에서 6Km 떨어져 있음.
58) 대판부(大阪府)에 있는 절.

에 돌아갈 것이라고 주인이 생각할 무렵 그들은 "이미 생각했던 것보다도 마음이 더 청정해져서 사후의 일도 믿음직스럽습니다. 이런 계제에 확실히 염불 공덕을 쌓고 싶으니 칠일 더 부탁합니다."라고 말하며 또 옷 한 벌을 주고 십사일 간 머물렀다.

그 후 주인이 더 머물는지 예정을 묻자 "이십일일 동안 하고 싶습니다"라고 하면서 또 옷 한 벌을 주려고 하니 주인은 "이제 됐습니다. 그렇게 기일을 연기하실 때마다 신경 쓰시지 않아도 됩니다. 전에 받은 것으로도 잠시 동안은 더 머무셔도 괜찮습니다."라고 말했다. 하지만 그들은 "그러나 이를 위해서 가지고 온 물건을 갖고 돌아갈 수는 없습니다"라고 하면서 말한 대로 옷을 주었다. 어머니는 21일간 염불에 전심했다.

예정한 날짜가 지나니 "지금은 수도에 돌아가지 않으면 안 됩니다만 바다가 보고 싶으니 보여 주시겠습니까?"라고 그녀가 말하므로 "어렵지 않은 일입니다"라고 하며 주인은 안내해 주었다. 그들은 해변에 나가 그대로 배를 함께 타고 저어서 갔다. 너무 재미있으니까 "좀 더 멀리, 저기까지"라고 말하는 중에 배는 점점 멀리 떠내려가서 소용돌이 쪽으로 가버렸다. 그리고 그 어머니는 잠시 서쪽을 향해서 염불하고 바다에 몸을 던졌다. 큰 일이라고 당황하면서 주인이 그녀를 구해주려고 했지만 마치 돌을 던졌을 때처럼 가라앉아 버렸다. "큰 일 났다"고 소리치며 소란을 떨자 하늘에서 한 떼의 구름이 나타나 배에 퍼지니 좋은 냄새가 났다. 주인은 이러한 신이한 일을 겪으면서 한층 존귀하게 여기며 울면서 헤엄쳐 돌아 왔다.

그 때 해변에 사람이 많이 모여서 모두 무엇인가를 보고 있었다. 주인은 아무 것도 없었던 것 같은 시늉을 하면서 사람들에게 무엇을 보고 있는지 물었다. 사람들은 물결 쪽에서 자색 구름이 일어났기 때문이라고 주인에게 말해 주었다.

그 후 주인이 집에 돌아와서 여인이 있던 방에서 그 흔적을 보니 그녀의 필적으로 꿈에서 본 것을 써 붙인 글이 있었다. "처음 칠일 지났을 때는 지장보살과 용수보살이 마중 나와 주시는 꿈을 꾸었다. 14일 째에는 보현보살과 문수보살이 마중 나와 주시는 꿈을 꾸었다. 21일 째는 아미타여래가 모든 보살과 함께 와 주시는 꿈을 꿨다."

서사산의 객승[59]이 단식해서 왕생하다

파마국(播磨國)[60]의 서사산(書寫山)에 외부에서부터 온 법화경 독송자가 있었다. 그는 그 곳 사람들의 온정에 매달려서 수년 동안 지내고 있었는데, 특별히 가장 덕이 높은 스님에게 의지했다.

어느 때 이 법화경 독송자는 "나는 마음이 혼란스럽지 않은 임종을 맞이해서 극락에 태어나도록 기원하고 있습니다. 임종의 모습을 모르니까 이렇다 할 사념도 일어나지 않고 또한 마음에 병도 없는 때에 이 몸을 버리려고 합니다. 그렇다고 해도 분신과 투신 등은 그 방법이 현저히 눈에 띕니다. 그 괴로움은 크겠지만 나는 먹는 것을 끊으면 평안하게 끝난다고 생각했습니다. 그것을 자신만이 알

---

59) 수도를 위해 객지를 돌아다니는 스님.
60) 병고현(兵庫縣) 서남부.

고 있어서는 결심이 무뎌질지도 모르기 때문에 이렇게 알려드립니다. 하지만 결코 입 밖에 내서는 안 됩니다. 제 거처는 남쪽 골짜기에 준비해 두었습니다. 지금은 머무는 것이고 그 후로는 묵언할 거니까 말을 하는 것은 오늘로 한합니다."라고 말했다.

그의 이야기를 들은 스님은 눈물을 흘리면서 "매우 안타까운 일입니다. 그 정도로 생각하시는 일이니까 내가 어떻게 말씀드릴 수도 없습니다. 다만 어떻게 계시는가 하고 마음 설레일 정도로 궁금할 때에는 가끔 슬며시 가서 만날 수 있는 것을 허락해 주시지 않겠습니까?"라고 말했다. 독송자는 "그것은 물론 괜찮습니다. 당신은 믿을 수 있기 때문에 이러한 것까지 말씀드리는 것입니다."라고 하며 세세히 약속해 놓고 자취를 감추었다.

스님은 그가 존경스럽고 고맙게 생각되어서 매일 방문하고 싶었지만 번거롭다고 생각할 것 같아 미루는 동안에 그대로 며칠이 지났다. 칠일이 지나 그가 가르쳐 준 곳을 방문해 보니 독송자는 몸 하나가 들어갈 정도의 작은 움막을 짓고 그 속에서 소리를 높여 경을 읽고 있었다. 스님이 가까이 다가가서 "얼마나 몸이 쇠약해지고 괴로우신지요." 등을 묻자, 묵언을 하겠다고 서원했기 때문에 종이에 써서 대답을 한다. "수일 간은 굉장히 괴롭고 기운도 약해져서 이래서는 임종도 어떠하겠는가하고 생각했습니다

만, 이삼일 전 몸이 한없이 괴로울 때 꿈에 어린 동자가
찾아 와서 내 입에 물을 넣어 주는 듯하더니 몸도 시원해
지고 힘도 생겨서 지금은 괴로운 일이 없습니다. 그 때와
같다고 하면 임종도 원하는 대로 되겠지요."

스님은 독송자가 점점 더 덕스럽게 보였고 부러워하며
절로 돌아갔다.

그 후 너무나 진귀하고 덕스러운 일이기 때문에 거절
하기 어려운 제자들에게만 이 일을 이야기했던 것일까.
이 산의 스님들이 불도에 귀의하려고 할 때 이 일이 점점
널리 알려져서 '아아 곤란한 일이다. 그 정도로 입을 막아
두었던 것을' 이라고 해도 보람이 없을 지경이 되었다. 결
국에는 식마군(飾磨郡) 내에 남김 없이 퍼지고 가까운 사
람도 먼 사람도 모여서 이 일에 대해 떠들기 시작했다. 이
노승이 현장에 가서 열심히 제지했지만 청을 들어줄 사람
도 없다. 그 독송자는 말은 하지 않아도 아주 씁쓸하게 생
각했다. 노승이 그 광경을 보자니 자신의 실수에서 비롯
된 것이기 때문에 안타까워 가만히 있을 수가 없었다.

이렇게 해서 밤, 낮의 구별도 없이 여러 가지 물건을
집어던지며 쌀을 뿌리고 빌기 때문에 그는 왕생하는 데
극히 형편이 좋지 못하다고 생각했다. 그렇긴 해도 어떻
게 된 것일까, 이 독송자는 밤에 흔적도 없이 숨어버렸다.
모여 있던 많은 사람들이 흩어져서 온 산을 나누어 찾아

보았지만 그의 모습은 전혀 보이지 않았다. 사람들은 "어쨌든 이상한 일이다."라고 말하면서 찾는 것을 포기하였다. 그 후 십일 정도 지나서 의외로 그의 자취가 발견되었다. 전에 있던 움막에서 단지 약 육십 미터 떨어진 잡목이 약간 무성해 있는 그늘에 불경이 놓여 있었고 보이지 않는 곳에 종이옷만이 남아 있었다. 이 사건은 불과 삼, 사년 동안에 일어난 것이므로 그 서사산에서 보지 않은 사람이 없다.

여러 가지 죄를 짓는 것은 전부 이 몸 때문이니 그처럼 생각해서 임종에 원하면 아무런 의심도 없이 왕생을 할 것이다.

"이 사바세계의 풍습으로서 분수에 맞지 않는 일을 원하고 특히 이 단식왕생을 나쁘게 여겨서 '그는 전세에서 다른 사람에게 먹을 것을 베풀지 않았기 때문에 그 대가로 해서 이번에는 자신이 이와 같은 일을 당하는 것이다' 라고도 말하고 혹은 '악마가 사람의 마음을 속여서 사람의 눈을 놀라게 하고 후세의 기원을 방해하려고 하는 것이다' 라고 말하는 것과 같다."

정말로 전세의 숙업은 알기 어려운 것이지만 그러한 풍으로만 이야기하면 일체 어떠한 근행이 즐겁고 안락하다는 것일까. 모두 원하는 것은 참고 몸을 괴롭히어 고심을 다하는 것을 기본으로 하고 있다. 이것 하나하나를 사람을 괴롭힌 데 대한 응보라고 단정해버리자는 것일까. 하물며 부처와 보살의 발심에서 성불까지의 수행 기간 동안은 모든 법을 중요하게 보고 목숨을 가볍게 여긴다. 그것을 본받지 않는 것은 자신의 마음에 다다르지 않은 까닭일 것이다. 다만 그것을 흉내내어 행한다고 해서 비방할 필요는 없는 것이다.

그 선도 화상은 선도류 염불의 개조(開祖)로서 살아 있는 채로 깨달음을 얻으셨던 분이다. 그의 극락왕생은 의심할 것 없이 당연한 일이었지만 나무의 가장 높은 곳에 올라가서 몸을 던지셨다. 그는 다른 사람을 위해서 좋지 않은 일을 하신 것일까. 그런 것은 아니다.

또한 법화경에 "만약 마음으로 발심하고 깨달음을 얻으려고 생각한다면 손가락, 발가락을 불에 태워서 부처님께 공양하라. 나라의 성, 처자 및 왕자, 국토 혹은 여러 가지 재물과 보화로써 공양하는 것보다 자신의 손가락 한 개를 태우는 쪽이 훌륭하다."라고 서술되어 있다. 이 일을 다시 생각해보면 사람의 몸을 태우는 냄새는 지저분하고 역하다. 이것은 부처님께 어떤 이득이 될까. 단지 한 송이 꽃에도 뒤떨어지고 하나의 향에도 미치지 않는 것이지만 뜻이 깊고 고통을 이겨내기 어렵기 때문에 훌륭한 공양이 된다는 것이다.

거기서 만약 용감하게 발심하고 "태자, 국토가 좋은 공양이라고 부처님이 말씀하셨기 때문에, 그것은 우리들에게 어려운 것이다. 그런데 이 몸은 내 것이다. 게다가 꿈과 같이 잠시 동안에 헛되게 썩어 없어지는 것이다. 어찌한 손가락에 한정할 것인가. 아니, 전신을 모두 불도에 내던져서 한 때의 괴로움으로 한없이 먼 과거의 죄를 보상받고 부처님의 가호 아래 임종 때의 왕생을 원하는 일심으로 염불할 수 있도록 해 주십시오'라는 마음을 굳게 먹고 음식을 끊고 분신, 투신을 하면 아미타부처님의 서원은 중생을 구하기 위한 비원(悲願)이기 때문에 어떻게 해서든 불도로 이끌어 주시지 않겠는가. 반드시 인도해 주실 것임에 틀림없다. 그러므로 현세에도 이와 같은 행동을 해서 목숨을 끊는 사람의 경우 눈앞에서 좋은 냄새가 나고 자색 구름이 가득하는 등 극락왕생을 나타내는 길조가 나타나는 사례가 많다.

즉 그 동자가 꿈속에서 그의 입에 물을 쏟아 붓는 것도 그 증거가 아닐까. 그 행동을 우러러 믿어야 할 것이다. 의심해서 무슨 이익이 있다고 하는 것인가. 그런데도 불구하고 자신의 마음이 이르지 못해 믿지 않는다. 다른 사람조차 신심을 혼란스럽게 하는 것은 극히 어리석은 일이다.

연화성 스님이 투신하다

근래 연화성(蓮花城)이라는 유명한 스님이 계셨다. 등련(登蓮) 법사와 친해서 무엇이든 서로 알고 일이 생길 때마다 의논을 했다. 몇 년 지나서 이 스님이 등련 법사에게 "이제 나이가 들어서 몸도 약해졌으니 몇 년 앞의 일이겠지만 죽을 때가 된 것이 틀림없습니다. 임종에 임해서도 냉철한 의식을 가지는 것이 내 가장 큰 소망이므로 마음이 청정할 때 투신해서 죽으려고 생각합니다."라고 말했다.

등련 법사는 이 말을 듣고 놀라서 "말도 안 되는 일입니다. 지금 하루라도 염불의 공덕을 쌓고 싶다고 기원하셔야 하는데 그와 같은 행동은 어리석은 사람이 하는 일입니다."라고 충고했지만 연화성 스님의 결의는 조금도 변하지 않는 것처럼 보였다. 이 때문에 등련 법사는 "말씀하신 대로 그 정도까지 굳은 결심을 하셨으니 저도 말릴

수가 없습니다. 이것도 전세의 인연이겠지요."라고 말하
며 힘을 모아 함께 준비했다.

결국 연화성 스님은 계하(桂河)[61]의 깊은 곳에 가서 잠
시 동안 염불 소리를 높게 한 뒤 물 아래에 잠겼다. 그 때
연화성 스님의 투신을 전해 들은 사람이 많이 모여들었
다. 그들은 연화성 스님을 존경하면서 더할 나위 없이 슬
퍼했다. 등련 법사는 "오랫동안 친하게 지내왔는데."라며
연화성 스님을 불쌍하게 생각하고 눈물을 흘리면서 돌아
갔다.

이렇게 수일이 지났을 때 등련 법사는 귀신에게 홀린
것 같은 병이 들었다. 주위 사람들이 이상하게 생각하고
희한한 일이라고 하는 중에 귀신이 나타나서 "나는 죽은
연화성입니다."라고 자기 이름을 말했다. 등련 법사가 "믿
기 어려운 일입니다. 나는 연화성 스님과 오랫동안 친하
게 지내고 최후까지 아무런 원한 받을 짓을 하지 않았습
니다. 하물며 연화성 스님은 발심하는 모습도 보통이 아
니었고 성스러운 현상으로 목숨을 끊지 않았습니까. 어떻
든 어떤 이유로 생각지도 않은 모습으로 왔습니까?"라고
물었다.

귀신이 말하길, "바로 그 일 때문입니다. 투신하는 것
을 적절히 잘 막아주셨는데도 불구하고 나도 모르게 한심

---

61) 경도의 서남부를 흐르는 하천.

스러운 죽음을 택해 버렸습니다. 어느 것도 타인을 위한 일이 아니니 죽는 순간에 다시 재고하게 되리라고는 생각지 않았습니다. 천마의 장난일까요, 이제 더욱이 투신하려고 할 때 급하게 죽는 것이 아깝다는 기분이 들었습니다. 그러나 이러한 사람 앞에서 어떻게 다시 생각할 수 있을까요. 아아, '지금 곧 나의 투신을 막아주셨으면' 하고 생각해서 눈을 당신 쪽으로 향했지만 당신은 나의 마음은 알지 못하는 얼굴로 '자, 빨리, 빨리' 라고 채근하니 치밀어 오르는 원한에 내가 어떻게 왕생을 생각할 수 있겠습니까. 그래서 나쁜 길에 빠져 버린 것입니다. 이것은 나의 어리석은 잘못에서 비롯된 일이므로 다른 사람을 원망하는 것은 아닙니다만 최후에 일심으로 분하다고 생각하는 기분 때문에 이렇게 찾아 온 것입니다."라고 말했다고 한다.

이것이야말로 정말로 전세부터의 인연이라고 생각한다. 또한 말세를 사는 사람에게는 큰 교훈이 될 것이다. 사람의 마음은 헤아리기 어려운 것이니까 반드시 청정하고 곧은 마음에서 발심하는 것만은 아니다. 어떤 경우에는 명예욕에 의해서, 어떤 경우에는 우월감과 질투심을 토대로 해서 어리석게도 분신, 투신하면 왕생할 수 있다고 여겨 이러한 행동을 생각하게 되는 것이다. 이것은 곧 다른 종교의 사람들이 고행하는 것과 같은 것이다. 매우 잘못된 생각이다.

그러한 까닭은 불, 물에 들어가는 괴로움은 보통이 아니기 때문이다. 그 뜻이 강하지 않으면 어떻게 참고 견딜 수가 있을까. 괴로움이 있으면 또한 마음도 편안하지 않다. 부처님의 도움이 없으면 왕생을 믿는 것은 극히 어렵다. 그 중에서도 어리석은 사람들의 화제까지도 "분신은 무척 하기 힘들 것이다. 투신은 용이할 것이다"라고 말하는 것과 같다. 그것은 물어 볼 때는 아무 것도 아닌 것 같아서, 투신할 때의 마음을 알지 못하기 때문이다.

어느 스님은 "물에 빠져서 이미 죽게 된 것을 다른 사람의 도움을 받아서 가까스로 구사 일생한 일이 있습니다. 그 때 코, 입으로 물이 들어와서 나를 책망할 때의 괴로움은 예컨대 지옥의 고통이 이 정도일 것이라고 생각했습니다. 그런데도 불구하고 사람들이 투신은 용이하다고 생각하는 것은 아직 물이 사람을 죽이는 모습을 모르기 때문입니다"라고 말했다.

어떤 사람은 "모든 행동은 전부 자신의 마음에 있습니다. 자신이 근행하고 자신이 알지 않으면 안 됩니다. 타인에게 물어서는 알 수 없는 것입니다. 과거에 쌓은 모든 선악은 물론 그 결과인 내세의 행, 불행도 부처님의 가호가 없어져서 자신의 마음가짐을 안이하게 하면 다른 사람이 보아도 알 수 있겠지요. 한 가지 일을 실행하는 것이 고작입니다. 만약 다른 사람이 불도 수행을 위해 산림에 살거나 혹은 혼자서 황야에서 살려고 할 때 아직 몸을 두려워하고 목숨을 아끼는 마음이 있으면 부처님이 반드시 가호해 주실 것이라고 기대해서는 안 됩니다. 그러한 사람은 담과 벽을 둘러쌓아 은둔할 준비를 하고 자신이 몸을 지키고 병을 치유하고 게다가 점점 신앙이 깊어지기를 원하면 더 좋을 것입니다.

만약 부처님께 바친 몸이라고 생각해서 호랑이와 늑대가 와서 해를 끼치려는 일이 있어도 전혀 두려운 생각도 하지 않고, 먹을 것이 없어 굶어 죽는다고 해도 한탄스럽게 생각하지 않는다면 부처님도 반드시 가호해 주시고 극락에 있는 모든 보살도 와서 보호해 주실 것입니다. 여러 가지 악귀나 짐승도 들어올 틈을 발견하지 못하겠지요. 도둑은 도망가고 병은 부처님의 힘에 의해서 낫겠지요. 이러한 것을 분별하지 않고 얕은 생각에서 부처님의 가호에 기대는 것은 위험한 일입니다."라고 말했다. 이것은 아주 당연한 일이라고 생각한다.

나무꾼이 혼자서 깨달음을 얻다

근래에 근강국(近江國)[62]의 지전(池田)이라는 곳에 천한
신분의 남자가 있었다. 나이가 들었지만 그에겐 어린아이
가 있었다. 두 사람이 함께 볼일이 있어서 산 속에 들어갔
는데 계곡은 깊고 길은 험해 나무 그늘에서 오랫동안 휴
식을 취하고 있었다. 때는 시월 말이었을까, 찬바람이 심
하게 불고 나뭇잎이 비처럼 흩어져 내렸다.

아버지가 이것을 보고 "너는 이 나뭇잎이 지는 것을 어
떻게 보고 있는가. 이것을 곰곰이 생각해 보면 자신의 몸
과 조금도 다르지 않은 것이 아닐까. 그 이유는 봄에는 보
송보송 싱싱하게 어린 잎이 싹을 내기 시작했는가 하면
점점 무성해지고 여름에는 완전히 무성하게 뒤덮여 버린
다. 팔월 쯤부터 어린 싹이 황색으로 변하고 나중에는 색

---

62) 지금의 자하현(滋賀縣).

깔이 진한 단풍으로 변해서 지금은 약간만 바람이 불어도 연약하게 흩날린다. 그렇게 떨어져서는 결국 썩어버리는 것이다.

사람의 몸도 또한 이것과 같은 것이다. 열 살 정도 때는 비유해서 말하면 봄의 어린 잎이다. 이, 삼십 세의 청장년기는 여름, 가지마다 잎이 무성하고 기분 좋게 보이는 때와 같다. 지금 나는 육십여 세를 지나 까만 머리가 점점 하얗게 되고 주름이 져서 피부색이 변했다. 이것은 결국 가을, 나무에 단풍이 드는 것과 같다. 아직 폭풍에 흩날리지 않는 것뿐이다. 지는 것은 오늘 내일로 다가와 있는 것이다.

이처럼 보잘것없는 몸임을 알지 못하고 세상을 지내려고 하니, 아침, 저녁으로 매우 괴롭다는 생각이 든다. 그럼에도 마구 분주하게 살아가는 것은 생각해 보면 참으로 시시한 일이다. 나는 이제 집에 돌아가지 않겠다. 법사가 되어 여기에서 계속 살면서 이 나뭇잎의 모습 등을 보고 곰곰이 생각하고 천천히 염불을 하면서 목숨을 마치려고 한다. 너는 아직 나이도 젊고 전도 양양하니 빨리 집으로 돌아가라."고 했다.

그러자 아들이 "아버지 말씀이 지당하십니다만 이곳엔 살아갈 움막이 한 채도 없습니다. 논밭을 경작할 방법도 없습니다. 전부 폭풍의 괴로움, 짐승에게 습격 당할 공포

등, 무엇을 생각해도 여기처럼 견디기 어려운 곳은 없습니다. 이러한 곳에서 아버지 혼자서 살 수는 없습니다. 그래서 저도 아버지와 함께 지내면서 나뭇잎을 줍든 물을 긷든 무엇이든 해도 좋습니다. 지금 저는 장년기라고는 하지만, 예를 들면 여름철의 나뭇잎과 같은 것이라고 하겠지요. 결국 붉은 단풍으로 지는 것은 의심할 여지가 없는 일입니다. 하물며 나뭇잎은 물이 든 다음 지는 것입니다만, 사람은 젊어서 죽는 예도 많습니다. 아아 인생은 정말로 나뭇잎보다도 허무한 것이라고 할 수 있겠지요. 저만 고향으로 돌아갈 마음은 전혀 없습니다."라고 말했기 때문에 아버지는 아들을 애처롭게 생각했다.

"네가 그렇게 생각하면 다행스럽고도 기쁜 일이다."라고 하면서 사람도 다니지 않는 깊은 산 속에 작은 움막을 두 채 짓고 그 곳에서 한 사람씩 살면서 아침 저녁으로 염불을 하며 살았다. 아주 근래의 일이니까 이 부자의 이야기는 모두가 알고 있는 것이다. 어떤 사람이 말하길, "아버지는 이미 극락에 왕생했지만 아들은 지금도 살아 있다."라고 했다.

친보 태수의 어린 양자가 왕생하다

근래에 노기(老岐)[63] 지방의 전임 태수인 친보(親輔)라는 사람이 양자를 두어 어릴 때부터 양육했다. 이 아이는 세 살이 되자 염주만 갖고 놀고 다른 것에는 눈길도 돌리지 않았다. 부모가 이 아이를 사랑해서 자단(紫檀)[64]으로 만든 염주를 주자 아이는 이 염주를 돌리며 아미타불을 입버릇처럼 말했다. 어머니가 이를 듣고서 제지하였지만 아무리 말려도 아이는 염불을 그만 두지 않았다.

여섯 살이 되었을 때 아이가 중병에 걸렸는데 수일이 지난 후 잠자리에 엎드린 채로, 만지작거리던 염주가 옆에 있는 것을 보고 "내 염주 위에 먼지가 붙어 있다"라고 말하면서 심하게 탄식하고 있는 듯했다. 이것을 들은 사

---

63) 지금의 장기현(長崎縣).
64) 인도 원산의 향나무로서 염주의 재료.

람은 눈물을 흘리면서 감동했다. 그 때 아이가 부모님을 향해서 "몸이 지저분하게 생각되니 목욕을 하고 싶습니다."라고 했지만 병이 중했기 때문에 부모는 아이의 목욕을 허락하지 않았다.

그 후 아이는 부모의 도움을 받아 서쪽을 향해 앉아 목소리를 높여서 "묘법화경(妙法華經)의 제바달다품(提婆達多品)을 듣고 부처님을 진심으로 믿고 경하해서 의심할 여지가 없으면 지옥에 떨어지지 않는다."라는 부분에서 "만약 부처님 앞에 있으면 연꽃 속에 태어날 것이다."라는 곳까지 독송했다. 그 목소리는 특별히 멋있었다. 어렸으므로 평소 다른 사람에게 이 불경을 배운 것도 아닌데 너무나 독송을 잘 했다. 주위사람들이 모두 놀라서 존경하는 소리가 아직 그치지 않는 중에 아이의 눈이 감기고 숨이 끊어져 버렸기 때문에 부모는 한없이 슬퍼했다.

수일이 지나서 어머니가 얕은 잠을 자고 있는데 꿈도 생시도 아닌 것처럼 이 아이가 나타났다. 특히 귀엽고 청아한 모습이었다. 어머니를 향해서 "제 모습이 잘 보입니까?"라고 말했다. 어머니가 "잘 보인다."라고 하자, 이 아이는 곧 "곧 남쪽의 더러움이 없는 세계에 가서 아름다운 연화 위에 앉아서 깨달음을 연 것이다."라는 이 문장 읊기를 다하고 그대로 없어져 버렸다고 한다. 이것은 1107년의 일이다.

비후국의 스님의 처가 마귀가 되다
- 악연을 두려워해야 한다는 이야기 -

옛날 비후국[65]에 한 승려가 있었다. 원래는 청정한 스님이었는데 중년이 지나서부터 처를 두었다. 그러나 역시 후세의 공양을 잊지 않고 있었다. 이관(理觀)[66]을 마음에 새기고, 그 수행을 위하여 별개의 방을 지어 수행 장소로 정하고 오랫동안 근행을 하고 있었다. 이 처는 스님인 남편에 대한 정이 깊었으며 어떤 경우에든 상냥하고 친절했다.

하지만 남편은 처를 어떻게 생각했는지 병에 걸렸을 때 처에게 고백하지 않고 평소 알고 지내던 스님을 불러 은밀히 부탁하기를 "만약 내가 임종을 맞이할 때에는 결코 제 처에게는 알려주지 마세요. 특별히 조금 염두에 두

---

65) 지금의 태본현(態本縣).
66) 관법(觀法)의 하나. 내성(內省)하여 불법의 진리를 깨달음.

고 있는 것이 있기 때문입니다."라고 말했다. 이것을 들은 스님이 잘 이해해서 간병하는 동안 심하게 아프지 않고 임종 때도 생각한 대로 성스럽게 서쪽을 향한 채 숨이 끊어졌다. 하지만 시신을 그대로 놓아 둘 수 없기 때문에 잠시 지나서 처에게 이 사실을 고백했다. 그러자 처는 놀라고 당황해서 심하게 몇 번이고 손을 때리고 눈을 치켜 뜨고 매우 괴로워하면서 기절해 버렸다.

사람들이 그녀의 모습을 보고 놀라워하며 떨었는데, 두 시간 정도 지나니 그녀는 세상 사람들이 두려워할 정도로, 가능한 한 큰 목소리로 외치면서 "나는 구루손불의 시절부터 이 놈의 극락왕생을 방해하기 위해서 그 오랜 세월 동안에 매번 처가 되고 남편이 되고 갖가지 친한 사이가 되어 왔다. 여러 가지 책략을 세워서 가까이 하고 지금까지 원하는 대로 옆에 계속 함께 있었는데도 불구하고 오늘 이미 그를 놓쳐 버렸다. 분한 일이다."라고 말하며 이를 갈면서 흙벽을 쳤다.

사람들이 점점 두렵고 놀라워서 모두 기어 들어가 숨는 동안에 그녀는 어디라고 할 것도 없이 자취를 감춰 버렸다. 그 때부터 종국에는 행방을 알지 못했다고 한다. 『습유왕생전(拾遺往生傳)』에는 강평(康平)[67] 때의 사건이라고 기록되어 있다.

---

67) 1058~65년.

이것은 그 한 사람에 국한된 것이 아니다. 악마가 붙어서 떨어지기 어려운 사람(처) 등으로 모습을 바꾸어서 내세에 극락에 태어나는 것을 방해하는 것은 누구에게나 일어나기 쉬운 일이다. 그러므로 이것을 마음에 두고서 친한 사람이라도 먼 사람이라도 구별 없이 선행을 권해 주는 사람이 있으면 부처와 보살이야말로 여러 가지로 모습을 바꾸어서 사람들을 구제해 주신다. 부처의 화신이 아니면 그 연고자가 친하게 대하고 한편으로는 죄를 지어 공덕 쌓는 것을 방해하고 집착심을 남기는 것과 같은 미래 영겁의 악연이라고 두려워해서 그러한 사람으로부터 멀어지도록 마음을 쓰는 것이다.

대체로 사람의 마음은 들판의 풀이 흔들리는 것과 같은 것이다. 인연에 따라서 움직이기 쉽다. 보리심이 없는 사람이라고 해도 부처님께 합장하지 않는 자가 있을까. 또한 지극히 지혜가 뛰어난 자라고 해도 요염한 자태를 보고 눈으로 즐거워하지 않는 자가 있을까.

정장귀소(淨藏貴所)[68]는 일본에서 제3자의 행자(行者)이지만 근강(近江)의 태수인 나가요의 딸과 인연을 맺었다. 구미사(久米寺)의 신선은 신통력을 얻어서 하늘을 날아 다녔다. 그러나 천한 여자가 세탁을 할 때 그 하얀 정강이를 보고 욕정이 일어나서 신선의 힘을 잃고 보통사람이 되어

---

68) 평안(平安) 전기의 천태종 스님.

버렸다. 지금도 손이랑 발의 가죽을 벗기기도 하고 손가락에 불을 붙이고 손톱을 구부리기도 하고 가지각색으로 몸을 불구로 해서까지 불도를 수행하는 사람이 있어 그 발심의 깊이는 누구라도 알겠지만 악연을 만나서 처자를 구하는 예가 많다. 나도 타인도 범부이니까 여인에게 가까이 가지 않는 것이 상책이다.

어느 시녀가 임종할 때 마귀가
변하는 것을 보다

어느 황녀의 시녀로 출가한 사람이 있었다. 그녀가 병에 걸려 임종하려 할 때 선지식으로서 어느 스님을 불렀다. 스님이 염불을 권하는 동안에 이 사람은 얼굴이 새파래져서 뭔가를 두려워하는 듯했다. 스님이 이상하게 생각해서 "어떤 사물이 눈에 보이십니까?"라고 묻자 그녀는 "두려운 모습을 한 사람들이 불 마차를 끌고 오는 것이다."라고 했다.

스님은 "아미타불이 중생을 구해 주신다고 하는 서원을 굳게 믿고서 아미타부처님의 이름을 쉬지 않고 읊어 주세요. 아비지옥에 떨어질 만한 대죄를 범한 사람조차 선지식을 만나서 염불을 열 번 외우면 극락에 태어날 것입니다. 하물며 당신은 그 정도의 죄를 지은 것은 아닙니다."라고 말했다. 그러자 그녀는 이 가르침에 따라 목청을 높여 염불을 했다. 잠시 지나니 그 기색이 나아지고 기뻐하는 모습이 되었다.

그녀는 스님이 또한 그 사실에 대해 묻자, 다음과 같이 말했다.

"불 마차는 없어졌습니다. 옥으로 만든 멋있는 차에 선녀가 많이 타서 음악을 연주하며 마중 나왔습니다."라고 했다. 스님은 "그 차에 타려고 생각하셔서는 안 됩니다. 더욱이 아미타부처님을 염불하셔서 부처님의 가르침을 받으려고 해야 합니다."라고 가르쳤다. 그녀는 그 가르침에 따라서 더욱 열심히 염불했다.

그 후 잠시 지나 그녀는 "옥으로 만든 수레는 없어지고 승복을 입은 덕스럽고 고귀한 스님 단 한 사람이 와서 '이제 자아 들어오세요. 지금부터 앞으로는 당신도 알지 못하는 방향입니다. 내가 따라가며 안내하겠습니다.' 라고 합니다."라고 말했다.

그녀의 말을 듣고 스님이 "결코 그 승려를 따라가려고 생각하지 마십시오. 극락에 가는 것에는 안내가 필요 없습니다. 부처님의 비원에 따라서 자연히 도착하는 곳이므로 염불을 해서 혼자 가려고 하세요."라고 했다.

잠시 후에 그녀는 또 "앞에 가던 승려도 보이지 않고, 그 외에 다른 사람도 없습니다."라고 하였다.

스님이 또 그 틈에 빨리 "극락에 가려고 생각해서 마음을 굳게 먹고 염불을 하세요."라고 가르쳤다.

그 후 그녀가 염불을 오, 육십 회 정도 하고 있는 중에 숨이 끊어져 버렸다.

이러한 것 등은 마귀가 여러 가지 모습으로 변해서 혼란스럽게 한 것이다.

혜심 스님이 공야 스님을 만나다

옛날 혜심(惠心) 스님이 공야(空也) 스님을 뵈려고 찾아
온 일이 있었다. 공야 스님은 노령으로 다른 사람에게서
는 볼 수 없을 정도로 매우 덕이 높아 보였기 때문에 후생
의 일을 화제로 해서 혜심 스님이 공야 스님에게 "저는 극
락을 원하는 마음이 깊습니다. 왕생을 이룰 수 있겠습니
까?"라고 물었다.

공야 스님은 "나는 무지한 사람입니다. 어떻게 그러한
것을 판단할 수 있겠습니까. 다만 스님이 말씀하신 것을
듣고 생각해 보면 어떻게 왕생할 수 없을 리가 있겠습니
까. 그 이유는 사람이 육행관(六行觀)[69]을 수행해서 상계
(上界)[70]에 상주할 수 있는 정신 상태를 얻으려고 할 때 구

---

69) 관법(觀法)의 하나.
70) 색계(色界), 무색계(無色界)를 가리킴, 상지(上地)와 같음.

사론(俱舍論)에 있는 대로 '하지(下地: 열등한 세계)는 어리석고, 고통스럽고, 장애입니다. 상지(上地)는 조용하고 묘하고 속박을 벗어나는 것'임을 믿어서 열등한 세계의 천함을 혐오하고 상지의 묘한 것을 원하면 그 관념의 힘으로 차례로 나아가서 삼계(三界)의 최상위(最上位)에 있는 하늘인 유정천(有頂天)에까지 이를 수가 있다고 합니다. 그러니까 서방극락에의 왕생을 원하는 사람도 또한 같습니다. 지혜(智慧), 행덕(行德)은 없어도 더러운 땅을 혐오하고 정토를 원하는 뜻이 깊으면 어떻게 왕생을 이룰 수가 없겠습니까."라고 말했다.

혜심 스님은 이것을 듣고 "정말로 더할 나위 없는 가르침입니다."라고 하며 눈물을 흘리면서 손바닥을 모아 귀의했다고 한다. 그 후 『왕생요집(往生要集)』을 편찬한 것은 그 일을 생각해서 더러운 속세를 떠나 정토를 구도하는 것을 먼저 하셨기 때문이라는 것이다.

공야 스님이 옷을 벗어서 송미신사의
제사신에게 바친 이야기

공야 스님이 운림원(雲林院)⁷¹⁾에 살고 있을 때 칠월 달의 일이다. 수도에 용무가 있어서 아침 햇빛 속을 걸어 평안경(平安京)을 가로지르는 대로의 남쪽으로 향했다. 수도의 관아 주위의 매립지에서 보통 사람이라고 할 수 없는 사람을 만났는데 추위를 심하게 탓하고 있는 듯이 보였다. 이 때문에 스님이 걱정이 되어 멈춰 서서 "당신은 대체 어떤 사람입니까. 이렇게 더운데도 불구하고 왜 춥다고 하며 서 계십니까?"라고 물었다.

그러자 이 사람이 "공야 스님이라는 분이 당신이십니까. 정오부터 스님을 뵙고 하소연하려고 했는데 만나 뵙게 되서 매우 기쁩니다. 나는 송미(松尾) 신사(神社)의 제사

---

71) 경도에 있는 천태종사찰.

146

신입니다. 진리와 반대되는 판단을 하는 분별심의 비바람이 심하고 악업 번뇌의 서리가 두텁게 내려서 이처럼 추위가 참기 어려운 것입니다. 혹 법화경을 독송해서 공양해 주시겠습니까?"라고 말했다.

스님은 매우 안타깝게 생각해서 "알았습니다. 곧 송미의 신사에 참배해서 공양하겠습니다. 내가 입고 있는 아래속옷은 사십 여 년 간 자나깨나 언제든 서서 법화경을 읽어서 때가 낀 옷입니다. 때가 끼어서 매우 실례입니다만 이것을 드리겠습니다."라고 말하니 그는 기쁘게 이 옷을 입고 "이제 법화경으로 때가 낀 옷을 입고 매우 따뜻해졌습니다. 이제부터는 당신의 보리심이 성취될 때까지 지켜주겠습니다."라고 했다. 그리고 스님이 누워서 참배하니까 일어서서 가 버렸다.

이 송미 신사의 제사신은 대통지승불(大通智勝佛)[72]이 중생을 구하기 위하여 임시로 신의 모습을 빌어 나타낸 일임에 틀림없다. 나라를 다스리고 불법을 수호하기 위해서 자취를 남기셨는데 공야 스님의 덕을 존중해서 법화경을 읽어 불법을 전하는 것을 청한 것이다. 특히 불법을 전하는 속옷을 바친 스님의 깊은 마음이야말로 대단히 존중하고 감사하게 생각했다.

게다가 천경(天慶)[73] 시대 이전에는 일본에 염불이 드

______
72) 『법화경』 「화성유품(化城喩品)」에 보이는 부처님.

물게 행해졌는데 공야 스님의 권고에 따라서 사람들이 염불을 하게 되었다. 항상 아미타불을 외우면서 걸었기 때문에 세상 사람들은 공야 스님을 아미타스님이라고 했다. 한편 공야 스님은 그 때 마을에 살면서 모든 갖가지 불사를 권했기 때문에 고을의 은자라고도 했다. 일체 다리가 없는 곳엔 다리를 놓고 우물이 없어서 물이 부족한 마을에서는 우물을 팠다. 이 스님이 일본 염불의 조사라고 말할 수 있다. 즉 스님이 법화경과 염불을 신봉하여 극락에의 업보와 인연으로써 왕생을 이루게 되었다는 것이 모든 책에 보인다.

---

73) 938~47년.

하무라는 여자가 상주불성
네 글자를 가지고 왕생하다

근래에 하무(賀茂)라는 여자 가인(歌人)으로 유명한 사람이 있었다. 그녀는 하무보헌(賀茂保憲)의 손녀로 등원교통(藤原敎通)[74]이라는 장관 집안의 시녀였는데, 나중에는 비구니가 되어서 이름을 묘라고 했다. 그녀는 깊이 불도를 깨우쳤기 때문에 특히 다른 일로 마음이 움직이지 않았다. 다만 생전에는 항상 '상주불성(常住佛性)'[75]이라는 네 글자를 서 있든 일어나 있든 누워 있든 잊지 않고 있다가 결국 최후에 생각한 대로 왕생을 이루었다고 하는 것이 왕생전에 보인다.

상주불성이라는 것은 열반경(涅般經)의 요지로 대단한

---

74) 1075년몰.
75) 상주불변(常住不變)이라는 부처님의 불성.

도리이지만 그녀의 행위는 왕생극락의 수행과는 다르다. 하지만 그녀의 왕생은 전세에서의 인연에 따라 그 공덕을 바꾸어도 왕생극락을 위한 수행과 같다고 하니까, 깨달음이 없는 범인(凡人)이 이러쿵저러쿵 말할 것은 없다고 본다.

또한 어느 전기에서 말하고 있다. 옛날 양주(楊州)[75]의 어떤 사람이 "상주(常住)의 두 글자를 들으면 절대로 악도에 떨어지지 않는다."라고 했다. 한 재가 불교 신자가 이것을 의심해 비웃으면서 "이 열반경을 특별히 모두 들었다고 해도 중죄를 지으면 악도에 떨어지는 것을 면할 수는 없을 것이다. 그런데도 불구하고 두 자 정도를 귀에 댔다고 사람이 악도에 떨어지지 않는 것일까. 이것은 믿을 수 없다."라고 하면서 떠나버렸다.

그 후 이 재가 불교 신자가 수명이 다해서 염라대왕 앞에 끌려갈 때에 지옥의 옥졸이 이것을 생각해 내고는 "당신은 대승불교를 비방하는 자이다. 신속하게 지옥에 보내야겠다."고 했다. 이 신자가 이것을 듣고 말하기를 "비방의 죄를 뒤집어씌우는 것은 이 경전 때문이지요. 그렇다면 이 경전에서 상주라는 두 자를 들은 공덕은 특별한 의미가 없습니까?"라고 했다. 그 때 공중에서 빛이 나타났다. 그 빛 속에서 소리가 나서 "혹은 믿고 혹은 믿지 않는다고 해도 얼마 동안이라도 상주라는 글자를 들으면 악에

떨어지지 않고 곧 정토에서 태어난다.”라고 제창했다. 지옥의 옥졸은 이것을 듣고 믿어서 그 죄인을 용서했다고 하는 것이다.

한 마디로 말하면 법화경이든 열반경이든 이것을 믿고 안 믿고가 문제가 되는 것이 아니다. 법이 미묘한 것을 귀로 듣고 입으로 제창한 것만으로 현명한 자든 무지한 자든 구별 없이 모두 정토에 왕생하는 업인이 되는 것이다. 예를 들면 백단향은 약간 만진 것만으로도 냄새가 진하고 칼은 자신의 능력을 알지 못하더라도 어떤 것이든 자를 수 있는 것과 같다. 게다가 일본과 중국의 전기에 있는 것처럼 예를 들면 어리석다고 해도 조그마한 공덕으로도 커다란 결과를 낳을 수 있으며, 모두 극락왕생의 기원을 이루는 것이다.

이른바 다리를 건너고 길을 만들고 배에 길을 대고 보시를 하는 것 등이 모두 법에 언급한 기쁨이다. 즉 중생의 모든 행동은 처음 듣고 나서 마음이 진전되어 공덕을 쌓고 깨달음을 얻을 때까지 모든 전세에서 배우는 습관에 따라서 좋아하는 곳은 한 곳도 없기 때문이다. 그 화수밀다(和須密多)[76]가 남자를 가까이 하고 기타(祈陀) 태자[77]가

---

76) 인도 1,2세기 정도의 사람.
77) 인도 사위국의 태자로 급고독장자가 부처님께서 머무르실 기수급고독
　　원을 만들 때 땅을 바쳤다.

술을 좋아하고 천수(天須) 보리가 사치스러움을 좋아하고 면왕(面王) 비구[78]는 옷차림에 조금도 구애되지 않는 것을 이상한 일이라고 하지만 그들 모두가 계율을 어긴다고 해도 부처님이 이것을 슬퍼해서는 안 된다는 것으로 이해해야 한다.

부처님의 교화 방법도 또한 같다. 중생의 전세에서의 인연과 구도의 의지에 각각 명백하게 개인 차가 있으므로 불도 수행의 뜻도 여러 가지라는 것, 사람들 각각의 전진과 후퇴를 알아 광대한 서원을 나타낸 것이다. 즉 극락의 구품(九品)단계[79]를 모색하여 지혜가 있고, 덕을 행하는 자에서부터 극악 무도한 죄를 짓는 자에 이르기까지 모두 구제하신다. 염불, 독경을 토대로 해서 잠시 향락, 유희한 자까지 모두 사람마다 이루는 업에 따라서 부처님이 극락으로 이끌어 주시는 것이다.

그런데도 불구하고 지금 세상의 행자는 각각 수행을 하면서 지혜의 얕고 깊음을 다투고 있으니 아집만이 증대해서 더 있으면 부처님의 가르침의 취지에 등을 돌리고, 같은 취지인 서방 극락에 왕생하기 위한 수행을 구별하고 공감하는 기원 속에 특별한 자신의 의견이 있는 것처럼

---

78) 불제자의 한 사람.
79) 지혜가 있고 덕을 행하는 행동의 우열에 따라 상품상생에서 하품하생까지 아홉 가지 등급으로 나눔.

생각한다. 또한 스스로 내 어리석은 마음에 무익한 것이라고 생각한다.

아마 범부의 관습으로서 자신의 마음조차도 생각대로 되지 않는다. 하물며 다른 사람의 마음이 생각대로 될 수 있겠는가. 결국은 다만 자신이 계획하고 자신이 수행하고 무상의 귀신인 죽음이 오기 전에 깨달음을 위한 업에 힘써야 할 것이다. 무익하게 불법을 의심하는 자를 만나서 애석하게도 여유가 있을 때 논의를 좋아하는 것은 쓸데없는 일이라고 생각한다.

도적 스님이 장곡사에 참배해서
보리심을 기원하다

원흥사(元興寺)[80]에 이하(伊賀)의 스님으로 도적(道寂)[81]이라는 사람이 있었다. 그는 인과의 도리에 밝아 불도에 들어가기를 깊이 원하고 있었다.

그는 젊을 때 장곡사(長谷寺)에 참배해서 보리심이 깊어지도록 기도하였다. 그러자 꿈속에 한 스님이 나타나서 "보리심은 정해진 형태는 없다. 다만 기원하고 있는 당신의 마음을 보리심"이라고 말했다고 한다.

그래서 그는 곧 세상을 떠나서 머리를 깎고 여러 곳을 수행하면서 걸었다. 나중에는 비조사(飛鳥寺)[82] 주변에 암

---

80) 나량현(奈良縣)에 있었던 절.
81) 1147년 몰.
82) 원흥사의 다른 명칭.

자를 짓고 좌선, 염불을 하며 특별한 근행으로 매일 아미타경(阿彌陀經)[83]을 전편 읽었다.

이 도적 스님 역시 극락왕생을 이룩했다고 한다.

83) 정토삼부경의 하나.

혜심 스님이 어머니의 뜻에 따라서 은둔하다

혜심(惠心) 스님은 나이가 들어서도 매우 가난했다. 어머니를 모시고 살면서 어머니를 생각하는 마음은 깊었지만 그다지 경제적으로도 넉넉치 않았고 몸의 자유가 없었기 때문에 생각하는 것만큼 효도하지도 못하고 세월을 보냈다.

언젠가 절에 불사가 있었는데 그 절의 스님에게 초청되어 보시를 많이 받았기 때문에 매우 기뻐하며 곧 어머니에게 그것을 갖다 드리러 갔다.

이 어머니는 너무 가난해서 일상 생활을 하기에도 곤란한 듯한 형편이었다. '얼마나 기뻐하실까' 하고 혜심 스님은 생각했는데 어머니께서 스님을 힐끗 보고 그대로 등을 돌리면서 구슬프게 우셨다. 아무래도 이상했다. '어머니께서 기쁜 나머지 우시는가' 하고 생각하고 있는데 시간이 잠시 흐른 뒤 어머니가 말문을 열었다.

"나는 법사가 된 자식을 두면 후세에 구원받을 것이라고 오랫동안 믿음직스럽게 생각하며 지내 왔습니다. 그러니 이 눈으로 지옥에 떨어질 원인이 되는 이러한 악업을 보리라고는 꿈에도 생각지 않았습니다."라고 말을 끝맺지도 못하고 또 울어 버렸다.

이것을 듣고 스님은 불도심에 눈을 떠서 세속과의 관계를 끊었다. 실로 보기 어려운 어머니의 마음이다.

원친원이 널리 염불을 하고 왕생하다

옛날 안방(安房) 지방의 장관 원친원(源親元)이라는 사람이 있었다. 그는 평소 전생에 범한 죄를 후회하고 조석으로 극락을 원하는 마음이 적지 않았다. 검비위사(檢非違使)[84]로 있는 동안에 은혜를 베풀어 사람들의 죄를 용서하고 사람을 구해주는 일이 많았다. 결국에는 동산(東山)[85] 근처에 당을 세우고 아미타 삼존을 안치했다. 게다가 비구의 상을 하나 만들어서 그 이름을 아법(阿法)이라고 붙였다. 이것은 자신이 출가할 때의 이름일 것이다.

그는 안방의 장관이 되었지만 처음부터 신에게 제사 지내는 의식을 전혀 내세우지 않았다. 다만 불교의식만을

---

84) 치안, 검찰 재판을 관장하던 직책.
85) 경도의 동쪽에 남북으로 연결된 구릉.
86) 일간(一間)이 1.8m

했다. 그가 통치하는 동안 그 나라에 오간(五間)[86]의 당을 만들고 일장 육척[87]의 아미타불을 안치했다. 나라 안의 백성에게 널리 염불을 권장해서 염불을 하는 회수에 따라서 정부에 상납하는 조세를 면제시켜 주었다. 쌀 10말에 십만 번의 염불을 시켰던 것이다.

만약 죄를 범한 사람이 있으면 그 중에서 염불한 자를 골라 반드시 죄를 용서했다. 이러한 이유로 나라는 풍요로워지고 백성들은 이 나라의 장관을 진심으로 존경하고 그에게 복종했다. 아침, 저녁으로 염불하는 소리가 집집마다 끊이지 않았다. 나중에는 이것이 이웃나라에까지 전해져서 누구인가 하고 그를 부러워하기도 하고 존경하기도 했다.

장관의 임무를 끝내고 상경할 때 백성이 이별을 슬퍼하는 모습은 부모와 헤어질 때와 같았다. 이렇게 해서 그는 수도에 돌아가지 않고 그대로 삼정사(三井寺)로 가서 출가했다. 그의 임종이 가까울 때에는 훌륭한 음악이 귀에 들리는 갖가지 징조가 나타나 왕생을 이루었다는 것이 『후습유왕생전(後拾遺往生傳)』에 실려 있다.

---

87) 약 4.85m.

공물을 수납하는 차관인 성청의
자제가 고야산에 살던 이야기

미장국(尾張國) 중도군(中島郡)[88]에 사는 성청(成淸)은 그 나라에 공물을 수납하는 차관이었다. 그는 풍요로운 생활을 하였고, 성청에게 많은 자제들이 있었는데, 그 중에서 적출자로 어린 아들이 있었다. 그 나라에서는 늘 수렵과 고기잡이를 했기 때문에 어린 아들은 전혀 인과의 도리 등을 알지 못했다.

그 아들이 이십이삼 세 때 부모님께 이끌려 동대사(東大寺)에서 대불공양을 하면서 부처님께 참배를 하는데 마음속에 강한 보리심이 일어났다. 그는 은둔해서 수행하고 싶다는 생각을 부모님께 비쳤지만 부모는 아들의 출가를 절대로 용납하지 않았다. 아들은 지금은 수행하기에 무리

---

88) 지금의 애지현(愛知縣).

일 것이라고 생각해서, 그 기색을 얼굴에 드러내지 않고 뜻을 감춘 채 집으로 돌아왔다.

그 후 며칠이 지나서 기회를 엿보아 혼자서 상경했다. 그리고 곧 중원(重源)[89] 스님의 허락을 받아서 머리를 깎고 출가하고 싶다고 청하자 "어떤 분이십니까? 나이도 젊으신 데 무슨 일로 출가하려고 하십니까?"라고 물었다.

그는 "예전에 참배 왔을 때 말씀드렸어야 했지만 그 때는 부모님께서 반대하셔서 뜻을 이루기 어려웠습니다. 그래서 고향에 갔다 되돌아 와서 오늘 일부러 혼자서 참배하는 것입니다. 저희 집안은 재물이 풍족하여 뜻대로 되지 않는 것은 없습니다. 재산도 있고, 논밭도 많습니다. 다만 세상의 무상을 생각하면 그 어떤 것도 무익하다는 생각이 들었습니다. 단지 몸과 마음을 불도에 내던져서 불법을 닦는 것이야말로 현명하다는 생각이 확고해져서 흔들리는 마음 없이 왔습니다."라고 했다.

스님은 이 말을 듣고 눈물을 흘리며 "아주 드문 일입니다. 주위에 내 제자라고 하는 스님들이 많이 있습니다만 구체적인 이유도 없이 세상을 떠난 사람은 없습니다. 혹은 주인의 꾸지람을 듣기도 하고, 혹은 세상이 살기 어려운 곳임을 비관하기도 하고, 혹은 사랑하는 처와 사별하기도 하고, 혹은 관청에서의 지위가 생각대로 승진되지

---

89) 전국을 돌며 권선을 행한 동대사 부흥의 실질적인 추진자.

않는 것에 대한 원망 등 여러 가지 고민 때문에 그것을 계기로 해서 세상을 버리는 것이 보통입니다. 그러니 그것을 잊어버린 후에도 보리심을 지속시킬 수 있을까 하고 의문스럽기도 합니다만 지금 당신과 같은 마음이라면 정말로 발심하는 것임에 틀림없습니다. 대단한 결심이 아닐 수 없습니다."라고 하면서 머리를 깎아주려고 모자를 벗기자 머리카락이 팔랑팔랑하게 흔들렸다.

이것을 보고 이상하게 생각해서 그 이유를 물으니 "시골에서 올라 올 때 혹 마음이 흔들릴지 몰라 거기서 상투를 자르고 왔습니다."라고 말해 중원 스님은 더욱 더 그의 발심하는 마음에 감동을 받았다. 그는 곧 머리를 깎고 스님의 제자들과 함께 생활하게 되었다.

낮에는 돌을 들고 기와와 재목을 운반하는 일을 하느라 조금도 쉬지 않았다. 밤에는 출가한 날부터 전혀 드러눕지 않았다. 밤새도록 염불을 하고 서쪽을 향해서 앉은 채로 밤을 밝혔다. 약간의 시간도 아깝다고 여겨 다른 사람과 이야기도 나누지 않았다. 먹을 것, 입을 것이 있다는 것만으로 마음을 가라앉히고, 몸과 목숨을 아까워하지 않았다. 다만 자나깨나 마음으로 서방 극락정토를 원하는 것이었다.

삼 년의 세월이 지나는 동안에 스님은 그의 이러한 모습을 보고 진귀하고 존경스럽게 생각해서 "아침 저녁으로

불도를 위해서 몸이 가루가 되도록 일을 하는 것도 불도
에 크게 귀의하는 것입니다만, 역시 마음을 가라앉히고
몸을 편안하게 해서 끝까지 염불하는 것이 가장 중요한
일이지요. 고야산의 동남부에 수행처가 있습니다. 그 곳
은 내가 처음에 있던 곳입니다. 고야산은 원래부터 불법
을 성취하는 지역인 이상, 밤낮으로 염불소리가 끊이지
않도록 밤새도록 기도해서 오로지 왕생극락을 원하는 것
이외에 다른 방법은 없습니다. 그래서 나는 여기에 있는
많은 스님 중에서 혹 보리심이 있어 보이는 사람에게 권
해서 고야산의 수행처로 보내고 있습니다. 그대도 빨리
그 스님들과 같이 고야산에 가서 염불하는 공덕을 쌓으세
요."라고 권유했다.

그는 "정말로 이 곳에서 지금처럼 지내도 좋겠지만 가
끔 여자를 보면 처와 같이 생각되는 일이 있고, 어린아이
가 있으면 때에 따라 '내 아이도 이렇게 성장했을까' 하고
떠올라서 아주 허무해질 때가 있었습니다. 산 속 깊은 곳
에 산다면 그러한 생각도 일어나지 않을 테니 수행하기에
매우 좋을 듯합니다. 또한 일단 출가한다고 하면 다시 되
돌아오는 일은 결코 없을 것입니다. 다만 부모님과 더욱
멀어지는 것이니 죄송스러울 뿐입니다."라고 말하면서 고
야산에 들어갔다. 이렇게 해서 그는 고야산 왕생원에서
스물네 명과 함께 수행을 하게 되었는데, 그 모습이 이전

보다 더욱 열심이었다.

고향에서는 그가 집을 나간 뒤 부모 처자들 모두 마음 아파하며 그 나라는 물론 이웃나라까지도 남김 없이 샅샅이 나누어서 찾아보았지만 행방을 알 수 없었다. 가족들 모두 만약 목숨이 끊어져 시체가 되어 있다 해도 한 번이라도 더 그의 모습을 보고 싶다고 탄식하며 슬퍼하는 것도 무리는 아니었다. 나라 안의 백성으로서 이 이야기를 듣고 눈물을 흘리지 않는 사람이 없었다. 그렇게 세월을 보내던 중 아들의 출가 생활이 귀에 들어 왔다. 아들은 수행을 잘해 세상사람들로부터 존경받고 있다는 평판이었다.

마침내 고야산에 살고 있다는 것을 듣고 성청은 울면서 아들에게 편지를 썼다. "네가 그 정도로 간절히 원하는 길이라면 출가한 일에 대해서는 아무 것도 말하지 않겠다. 다만 편지 한 장조차 써 두지 않아 부모의 마음을 혼란스럽게 한 것이 매우 원망스러울 뿐이다. 하지만 이제 와서는 어쩔 수 없구나. 네 입장이 되어서 생각하더라도 업장을 소멸하기 위한 산사는 이 나라에도 많이 있는데 야속하구나. 가까운 절에 들어갔다고 생각해도 속상한데 이렇듯 구름이 가리고 물을 건너야 하는 먼 곳에 떨어져 있으니 매우 유감스럽구나."라며 여러 가지 심정을 담아 편지를 써서 보냈지만 아들은 받아들이지 않았다.

부모는 수도에 올라가 그 곳에서부터 고야산 기슭의 천야(天野)라는 곳에 가서 참배하고 거기에서 아들을 불러 대면했다. 그 때의 마음은 말로는 다할 수 없이 아렸다. 한창 젊었을 때의 모습과 같은 사람이라고 생각할 수 없을 정도로 깡말랐고 피부빛도 거무스름해졌다. 옷은 너덜너덜해진 천에 소매까지 짧은 옷을 입었으나, 옛날에는 볼 수 없었던 모습으로 당당하고 눈빛도 광채가 나니 가슴이 벅차서 곧 아무 것도 말할 수 없었다. 부모는 잠깐 주저하면서도 그 동안 못 다한 얘기들을 울면서 말하기도 하고 듣기도 하는데 아들 쪽은 말수가 적었다.

다만 "부모님께서 이 곳에 오신다고 했을 때 처음에는 다른 곳으로 떠날 것을 결심했습니다만, 작별 인사도 하지 않고 집을 나간 것이 죄송스러워서 여기까지 온 것입니다. 이제부터는 가령 저를 방문하신다고 해도 여기까지 나올 수 없습니다. 그러니까 지금 이렇게 뵙는 것이 마지막입니다. 저를 보고 싶으시면 발심해서 불도를 기원해 주십시오. 이 세상에서 가령 부모님 생각대로 제가 곁에 남아 드린다고 해도 대체 언제까지 그것이 가능하겠습니까. 부모님이나 저나 서로 먼저 죽기도 하고 나중에 죽기도 하는 인간 세상의 관습은 벗어날 수 없으니 이 세상 일에 집착할 수 없습니다."라고 대답한 후 그는 돌아서서 산으로 올라가 버렸다.

그의 처는 시부모와 함께 그 곳까지 갔지만 남편의 얼굴을 마주 대할 수 없다고 생각했기 때문에 뒤에서 바라보며 슬픔을 억누를 수 없어 한없이 울었다. 부모님은 아들의 모습을 보지 않았을 때보다 오히려 더 슬퍼졌고, 울면서 고향으로 돌아왔다.

그 후 고향에서 여러 가지 물건을 준비해서 아들에게 보내니 "이것은 쓸모가 없습니다만, 부모님 덕분에 업장이 소멸되는 인연이 될 수도 있다고 생각하며 염불하는 스님들에게 나누어주겠습니다. 저는 다만 빨리 정토에 가고 싶어하는 마음만 깊기 때문에 오히려 매일 매일 목숨이 있는 것이 슬픕니다. 결코 임시로 있는 겉껍데기에 불과한 제 몸을 걱정하지 말아 주십시오."라는 답장이 왔다.

그는 실제로 옷과 음식류는 수행하는 동료 스님들뿐 아니라 가난한 사람에게 모두 나누어주고 자신을 위해 남기지 않았다. 부모님이 준비해 주어 삼간(三間, 5.4m) 정도의 집을 지어 그 곳에 살게 되었으나 거처를 갖고 싶어하는 사람들에게 주고 자신은 정해진 거처도 갖지 않았다. 절에서 매일 따뜻한 물을 끓여주었지만 목욕도 하지 않고 오랜 세월이 지나도록 의복을 세탁하지 않았다. 옷도 찢어지면 버렸다. 다만 아침저녁으로 임종 때 부처나 보살이 극락 정토에서 맞으러 오는 것을 마음에 두고 무상을 생각하는 것 외에는 전혀 다른 일에 마음을 두지 않았다.

　그는 또한 다른 사람의 거처에 갈 때 진흙을 밟은 발로 멍석을 밟으면서도 거리끼는 것이 없었다. 사람들이 더럽다고 책망하면 "더러움은 각각의 몸 안에 있습니다. 어떻게 밖으로 나타난 더러움만을 싫어하겠습니까."라고 말했다.

　고야산 수행처의 습관으로서, 동료 중에 죽은 사람이 있으면 남은 사람이 모여서 시체를 매장해주는 것은 매우 중요한 일이었기에 모두 함께 하곤 했는데, 이 스님이 살아있는 동안은 전혀 다른 사람들에게 그것을 시키지 않았다. 그는 다만 혼자서 시체를 나무에 태워서 화장했다. 뼈를 주워서 매장할 때까지 정중하게 마음을 기울이는 그의 모습은 흡사 자신의 부모를 매장하는 것 같을 정도였다.

　한편 그는 고야산 수행처에서 살기 시작하면서부터 매일 안쪽의 성지에 들어가서 명상에 드는 것을 거르지 않았다. 명상하는 도중 비바람이 치고 서리와 눈이 내려도 주저하지 않았다. 도롱이와 삿갓을 준비해놓지 않았기에 비가 내리면 전신이 흠뻑 젖기도 하고 또한 눈이 내리면 얼어 버리기도 했다. 하지만 그는 이것을 전혀 마음에 두지 않았다.

　어떤 사람이 "정토를 원한다면 몸을 보존하고 염불의 공덕을 쌓아야 합니다. 왜 그렇게 몸을 상하게 하는 것입니까?"라고 하니, 스님은 "세상은 말세입니다. 우리 몸은 범부입니다. 지금 다행히 때마침 발심한 것입니다. 이 마음이 식지 않은 동안에 왕생을 이루려고 생각합니다. 그러니까 몸과 목숨을 아끼지 않는 것입니다."라고 대답했다. 이 말을 듣는 사람은 한편으로는 마음이 아팠지만 한편으로는 한없이 존중하는 마음이 일어났다.

그가 출가한 후 칠팔 년은 고야산 수행처에 있었던 것일까. 미리 자신의 죽음을 알고 특별한 병도 없이 임종을 맞게 되었는데 생각대로 염불하는 소리가 끊이지 않고 앉은 채로 목숨이 끊어졌다. 이것은 근래의 일이므로 고야산의 수행처에서는 이 사실을 모르는 사람이 없을 정도로 유명한 일이다.

3장 인과 및 영험이 발현한 이야기

송실 동자가 성불하다

나량(奈良)의 송실(松室)이라는 곳에 스님이 있었다. 그는 관직에는 오르지 않았지만 덕이 있어서 세상에 유용한 사람이었다. 승방에 그가 특히 소중히 여겼던 아이가 있었는데, 이 아이가 아침저녁으로 법화경을 독송하였다. 스님은 "어릴 때는 학문을 하는 것이 좋다. 불경을 읽는 것은 네게 적합하지 않다."라며 법화경 독송을 만류하였다. 하지만 아이는 처음엔 그 말에 따르는 듯했지만 몰래 법화경을 독송했다.

스님은 아이의 뜻이 깊다고 보고 나중에는 아무도 그만두게 하지 못했는데, 아이가 열네다섯 살 정도 되었을 때 홀연히 자취를 감춰 버렸다. 스님은 매우 놀라서 아이가 갈 만한 곳을 샅샅이 찾았지만 모습이 전연 보이지 않았다. 스님은 "악령에 홀린 듯하다."라고 하면서 눈물을 흘리며 사후에 좋은 곳에 태어나기를 기원하고는 아이를 찾는 것은 체념해 버렸다.

그 후 몇 개월이 지나서 승방의 법사 한 사람이 장작을 주우려고 산 속 깊은 곳에 갔는데, 나무 위에서 불경을 읽는 소리가 들렸다. 법사가 이상한 생각이 들어 쳐다보니 자취를 감춘 동자였다. 놀라서 "어쩌서 이 곳에 있느냐. 스승님께서 얼마나 걱정하고 계신지 알고 있느냐?"라고 하자, 아이는 "제가 떠난 일을 말씀드리려고 스님을 만날 생각을 했습니다만, 형편이 좋지 못해서 모두가 계신 곳에 가까이 갈 수가 없었습니다. 오늘은 법사님을 만나서 기쁩니다. 돌아가시면 은사스님께 이 곳에 반드시 오시라고 전해 주십시오."라고 했다. 이 법사는 돌아가서 이 사실을 전했다.

은사 스님은 이 말을 듣고 놀라워하며 곧 아이를 찾아오셨다. 아이는 "저는 법화경을 독송한 공덕으로 신선이 되었습니다. 언제나 마음 속 깊이 생각하고 있었습니다만, 신선이 된 뒤에는 연락을 드릴 수가 없었습니다. 도대체 사람 사는 데는 지저분하고 냄새가 나서 견딜 수 없기 때문에 은사스님이 걱정이 되면서도 뵈러 갈 수 없었습니다."라고 말하면서 스승과 함께 눈물을 흘리며 그 동안의 이야기를 나누었다.

스승이 돌아가시려고 할 때 아이가 "삼월 십팔일에 죽

생도(竹生嶋)라는 곳에서 신선이 모여 음악을 연주하는 일이 있습니다. 저는 비파를 연주할 예정으로 되어 있습니다만, 비파를 좀처럼 구할 수 없습니다. 빌려주시지 않겠습니까?"라고 말했다. 스님이 "그래 어려운 일이 아니다. 어디로 가지고 가면 되겠느냐."라고 하자 아이는 "이 곳에서 받겠습니다."라고 하며 서로 헤어졌다. 그 후 은사 스님이 사람을 시켜 비파를 보냈지만 그 곳에 아무도 없어 나무 밑에 두고서 돌아왔다.

막상 이 스님이 삼월 십칠일에 죽생도에 가서 십팔일 이른 아침 눈을 떠보니 멀리서 말할 수 없을 정도로 좋은 음악 소리가 들려왔다. 구름에 울려 퍼지고 바람을 타고 온 이 음악소리는 보통의 음악과는 다른 것처럼 생각되고 너무나 훌륭했기 때문에 스님이 눈물을 흘리면서 듣고 있었다. 점점 가까이 가니 음악이 그쳤다. 잠시 지난 후 툇마루에 물건을 놓는 소리가 들렸기에 밤을 샌 후 이것을 보니 전에 제자에게 빌려준 비파였다.

은사 스님은 비파를 경외시하며, 자신의 것으로 하는 것은 두려운 생각이 들어 죽생도의 신에게 바쳤다. 비파엔 좋은 향기가 깊이 스며들어 있어서 며칠이 지나서도 그 향기가 없어지지 않았다. 이 비파가 지금도 죽생도에 있다. 이 이야기는 진짜로 있었던 이야기이다.

삼매 주지의 제자가 법화경의 영험을 얻다

근래에 의예(義叡)라고 해서 여기저기 수행하며 돌아다니는 사람이 있었다. 그는 태야(態野)에서 대봉산(大峰山)으로 들어가서 금봉산(金峰山)으로 나오는 도중 길을 잘못 들어 십일 남짓 동안 생각지도 않은 험악한 계곡과 봉우리를 헤매고 다녔다. 몸은 피곤하고 힘이 빠져 기력을 잃고 있었기 때문에 진심을 다해서 부처님께 빌며 가피를 구했다.

그 정성스런 기도 덕분인지 길을 찾아 평지로 나갈 수 있었다. 그 곳에는 소나무 숲이 있고 그 안에 움막이 한 채 있었다. 걸어가서 움막에 가까이 다가가 보니 말할 수 없을 정도로 훌륭한 집이다. 집의 도구랑 장식은 모두 옥으로 되어 있었고, 정원의 모래도 백설처럼 아름다웠다. 정원에는 예쁜 꽃들이 피어 있고 많은 열매가 열렸는데,

의예가 이것을 보니 한없이 즐거웠다.

　마당에서 잠시 쉬면서 이 움막 속을 들여다보자 스님이 한 분 계셨다. 나이는 약 이십 세 정도로 보였는데 가사를 단정히 입고 법화경을 독송하고 있는 모습이 대단히 거룩해 보였다. 그 목소리 또한 뭐라고 말할 것도 없이 청아했다. 법화경 일 권을 끝까지 읽고 경전을 책상 위에 놓으면 그 경전은 사람의 손이 닿지 않았는데도 불구하고 자연히 말려 올라가서 원래대로 되었다. 이런 일이 반복되다 보니 일 권에서 팔 권에 이를 때까지 원래대로 돌아가서 전과 같이 되었다. 그렇게 법화경 한 부를 다 읽고 나서 공경하여 참배했다.

　그리고나서 그 스님은 밖에 나왔는데 의예를 보고는 깜짝 놀라서 "여기에는 옛날부터 사람이 온 적이 없습니다. 산중에서도 특히 깊은 산골짜기이기 때문에 까마귀의 소리조차 들리지 않습니다. 어떻게 해서 오셨습니까?"라고 물었다. 의예는 지금까지 있었던 일에 대해 처음부터 자초지종을 말해 주었다. 그러자 스님은 의예를 애처롭게 여겨 움막 안으로 불러 들였다.

　잠시 있다가 아름다운 동자가 진수성찬을 들고 와서 먹었는데, 그 맛이 너무 좋아 인간이 만든 음식이라고 생각되지 않았다. 의예가 이 모든 것을 의아하게 여겨 스님에게 "여기에 산 지 몇 년 정도 되셨습니까. 어떤 연유이

신지, 모두 뜻대로 이루어진 일입니까?"라고 물었다. 스님은 "제가 여기에 살기 시작한 지 팔십 여 년 됩니다. 나는 원래 비예산 동탑의 삼매주지[90]의 제자였습니다만, 사소한 일로 스승께 매우 꾸지람을 들었지요. 그 때 어리석은 소견으로 절에서 나와 여기저기 헤매다가 정착할 곳이 없었습니다. 나이가 들은 뒤에 이 산에 움막을 짓고 지금 이 곳에서 죽는 날을 기다리고 있을 뿐입니다."라고 했다.

의예는 점점 괴이하게 생각되어 거듭해서 물었다. "사람은 아무도 오지 않았다고 말씀하셨지만 멋있는 동자가 많이 있습니다. 아무래도 저를 속이고 계신 듯합니다."라고 하자, 스님은 "하늘의 여러 동자가 음식을 공급해 주고 있습니다만, 아무래도 이상한 일이겠지요."라고 한다. 의예는 또한 똑같이 "먼저 나이가 들었다고 말씀하셨습니다만 스님의 모습을 보면 젊고 건강합니다. 이것도 또한 이해할 수 없는 일이라고 생각합니다."라고 했다. 스님은 "법화경을 들은 자는 병도 곧 치유되어 불로불사의 몸이 된다고 합니다. 이 말은 결코 거짓이 아닙니다."라고 대답했다.

이렇게 잠시 이야기를 하던 중 스님은 의예에게 "빨리 돌아가세요."라고 권했다.

의예는 탄식하며 말하길, "여러 날 방황하면서 걸었기

─────────
90) 연력사 17대 주지인 희경(喜慶)을 가리킴.

때문에 몸도 피곤하고 힘이 빠져서 돌아갈 기력이 없습니다. 날도 기울어서 밤이 되려고 하는데 스님은 나를 쫓으시렵니까? 제가 싫습니까?”라고 했다. 스님은 “싫어하는 것은 아닙니다. 나는 멀리 인간의 기척을 피해서 오랫동안 지내왔기 때문에 당신에게는 돌아가도록 권할 뿐입니다. 만약 오늘 밤 이 움막에서 머무시려면 몸을 움직이지 말고 소리를 내지 않도록 해 주십시오.”라고 일러두었다.

의예는 스님이 일러준 대로 숨죽인 채 앉아 있었다. 점점 날이 어두워지자 바람이 세차게 불어서 스산한 분위기가 되었다. 그러자 여러 가지 모양을 한 귀신이랑 괴상한 짐승이 셀 수 없을 정도로 많이 모여들었다. 말의 가면을 쓴 것도 있고, 소를 닮은 것도 있고, 또 새의 머리를 한 것도 있고, 사슴의 모습을 한 것도 있다. 각각 부처님께 바치는 향과 꽃처럼, 과일과 밥을 소나무 정원에 높은 식탁을 만들어 그 위에 놓고 손을 합장하여 참배하고는 엎드렸다.

이 중 어떤 것이 “이상한 일이다. 다른 때와 달리 사람의 기척이 있다.”라고 했다. 또 어떤 것은 “누가 여기에 온 것인가.”라고 했다. 그 후 스님이 발원문을 읽고 법화경을 독송했다. 새벽이 되어서 회향(迴向)할 때 모여든 이들은 절하고 돌아갔다. 의예는 “이 여러 가지 모습을 한 것이 셀 수 없을 정도입니다. 이들은 어떤 종류이고 어디에서 온 것입니까?"라고 물었다. 스님은 "듣는 사람도 없는 곳에서 독경할 때에는 부처님이 수호신들을 파견해서 그것을 들려줍니다."라고 했다. 의예는 여러 가지 이상한 일을 보고 직접 이야기를 들으니 그 스님이 더욱 존경스럽고 믿음직스러웠다.

날이 밝았기 때문에 이제는 빨리 돌아가려고 하였지만 또 길을 잃어버리지 않을까 하고 걱정이 되어서 한탄했다. 그러자 스님이 "길 안내를 붙여서 전송하겠습니다."라고 하면서 물항아리를 들어 앞에 놓았다.

그 물항아리가 춤을 추면서 점점 앞으로 갔다. 그 항아리의 뒤에 붙어서 가니 네 시간 정도 지나서 산꼭대기에 당도했다. 그 곳에서 아래를 내려다보니 산기슭에 마을이 있었다. 그 물항아리는 하늘로 올라가 스님이 원래 있는 곳으로 날아서 돌아갔다.

이 사람이 마을로 와서 이 이야기를 전했던 것이다. 여기저기 기록된 문헌이 있지만 그것을 소개하는 것은 번잡하므로 여기에는 기억하고 있는 것만을 쓴 것이다.

어머니가 딸을 질투해서 손가락이 뱀이 되다

어느 나라에 연상의 처를 얻은 나이든 남자가 있었다. 이 처는 전 남편의 자식을 한 명 데리고 왔다. 그런데 무슨 생각을 한 것일까. 이 처가 "저에게 여유를 주십시오. 저는 이 집의 방 한 칸에 거처하며 천천히 염불을 하면서 여생을 보내려고 합니다. 그러니 당신이 다른 사람을 처로 맡기보다는 여기에 있는 내 딸을 처로 해서 일상적인 시중을 시키십시오. 저와 전혀 관계가 없는 여자보다는 이렇게 하는 것이 저한테도 좋을 것이라고 생각합니다. 저는 벌써 나이가 들어 부부생활도 귀찮아졌습니다."라고 말해서 남자는 깜짝 놀랐다.

처음에는 말도 안 된다고 했지만 처가 기회가 있을 때마다 같은 내용을 되풀이해서 열심히 설득해서 말하자, 남자는 "당신이 그 정도로 굳게 마음먹었다면 그렇게 합시다."라고 말한 후 처의 희망대로 의붓딸과 함께 부부로 살게 되었다. 남자는 처가 거처하고 있는 방안을 때때로 들여다보며 "어떻습니까?"라고 물었다. 어떤 경우든 딸도 남편도 이 연상의 여인을 배려하는 마음으로 세월을 보내는 중 어느 날 남자가 용무가 있어 외출했다.

그 사이에 딸인 처가 어머니의 처소에 가서 편히 쉬며 이야기를 하고 있는 중에 어머니가 무엇인가에 대해 심히 고민하고 있는 모습을 보고 이상하게 생각해서 "어머니, 저에게는 감추실 것 없습니다. 무슨 걱정거리가 있으시면 저에게 말씀해 주십시오."라고 말했다. 어머니가 "걱정거리는 조금도 없다. 괜히 요즘 기분이 우울하고 힘들구나."라고 말하며 얼버무리는 모습이 평소와 달랐다. 딸은 아무래도 이상하여 더욱 강요조로 물었다.

그 때 어머니는 "정말로 네게 무엇을 감추겠느냐. 다만 내 자신이 매우 한심스럽구나. 이 집의 상황은 내가 내 마음대로 모두에게 권했던 것이니, 누구도 원망하는 일은 결코 없을 것이다. 하지만 잠을 자고 눈을 뜰 때 옆에 아무도 없어서 조금 쓸쓸한 기분이 들 때도 있구나. 또한 점심 시간에는 네 쪽을 조금 엿볼 때도 있단다. 두 사람의 생활이 나와 관계없이 되어 버린 것은 매우 자명한데도 불구하고 그래도 가슴이 심하게 뛴다. '이것은 다른 사람의 탓이 아니다, 이 얼마나 어리석은 몸인가.'라고 재차 생각하면서 살고 있다만, 역시 이 괴로움이 큰 죄가 된 것일까. 대단히 이상한 일이 일어났다."라고 하며 왼손과 오른손을 내어놓았다.

그것을 보니 엄지손가락이 전부 뱀이 되어서 징그러운 입 모양으로 혀를 날름날름하고 있었다. 딸이 이것을 보자 눈앞이 캄캄해지고 만정이 떨어졌다. 어머니에게 뭐라 대답할 말도 없이 딸은 머리를 깎고 비구니가 되었다. 또한 남편이 돌아와서 이것을 보고는 놀라며 법사가 되었다. 전처도 모습을 바꾸어서 비구니가 되어 세 명이 함께 불도수행을 하면서 세월을 보냈다. 이렇듯 비참한 체험에 대해 아침저녁으로 이야기하며 슬퍼하는 중에 뱀도 점점 원래의 손가락이 되어 있었다. 나중에 그 어머니 쪽은 수도에서 걸식하고 돌아다녔다고 한다. "분명히 그 여자를 봤습니다."라고 어느 노인이 말했으니 최근의 일일 것이다.

여자의 습성으로서 타인을 질투하고 사물을 혐오하는 마음을 갖고 있기 때문에 이렇게 큰 대가를 받는 것이다. 가만히 있는 것보다는 오히려 이처럼 확실한 현상으로 나타나는 것이 죄를 뉘우치고 소멸하는 방법일 것이다. 그런데 겉으로는 아무렇지도 않게 행동하고 마음속으로는 괴로워하며 일생을 지내는 사람일수록 지옥행의 원인인 업을 크게 쌓아 가는 것은 매우 유감스럽다.

어떻게 해서든 자신의 마음을 조절해서 한편으로 이

세상의 일은 전세의 과보라고 생각하고, 만사는 꿈속의 유희로 생각하며, 불과 한 순간이라도 죄를 뉘우치는 마음을 일으켜야 할 것이다. 어느 문헌에는 "사람이 만약 무거운 죄를 지으려고 해도 조금이라도 뉘우치는 마음이 있으면 그 죄는 생사의 괴로움을 일으키는 업이 되지 않는다."고 되어 있다.

죽은 처가 모습을 나타내서
남편의 집에 돌아오다

근래 어떤 시골에 한 남자가 있었다. 수년 동안 마음속 깊이 사랑하던 처가 아이를 낳은 후 중병에 걸리니 남자는 곁에서 시중을 들었다. 아내의 병이 호전되지 않고 계속 누워 있어 머리가 흐트러진 것을 매주려고 곁에 있는 편지의 한 부분을 찢어서 머리를 묶어 주었다. 그렇게 한 후 얼마 안 있어 아내의 숨이 끊어져 버렸기 때문에 울며불며 장례식을 치르고나서 허무하게 화장을 했다.

그 후 남편은 사후의 법요의식을 진심으로 행해도 마음을 위로할 수가 없었다. 아내가 그리워 어쩔 줄 몰랐고, 회한의 생각이 그치지 않았다. 생전의 처의 모습을 한 번만이라도 더 보고 싶다고 눈물을 글썽이며 세월을 보내는데, 어느 날 밤 죽은 처가 남편의 침실에 찾아 왔다. 꿈인가 하고 생각했지만 틀림없는 현실의 일이었다. 남자는 기쁨에 젖어 말보다도 먼저 눈물을 흘리면서 "이미 목숨이 끊어져 다른 세계에 간 것이 아니었던가. 어떻게 해서 여기까지 왔소?"라고 물었다.

처는 "그렇군요. 죽은 사람이 현실에 이처럼 돌아오는 것은 보통으로는 생각할 수 없고 그러한 예도 지금까지 듣지 못했습니다. 하지만 지금 한 번 더 만나고 싶다고 생각하고 있는 깊은 마음에 따라 있을 수 없는 일을 무리하게 실현시킨 것입니다."라고 했다. 그 때 남자의 심중은 글로 표현할 수 없다. 그런데 남자가 아내와 같은 베개에서 자는 것이 생전과 조금도 다르지 않았다.

아내가 새벽녘에 일어나 갈 때에 뭔가를 떨어뜨린 것 같아서 침실을 여기저기 찾아보았지만 그것이 무엇인지 몰랐다. 날이 완전히 밝은 후에 흔적을 살펴보니 예전에 머리를 묶을 때 쓴 종이가 하나 떨어져 있었다. 그것을 손으로 주워서 잘 보니 임종할 때 머리를 묶는다고 해서 사용한 종이와 조금도 다르지 않았다. 그런데 시체와 함께 태워 장사지냈기 때문에 머리카락이 남을 리가 없었다. 아주 이상하다고 생각하고 다시 한번 아내의 머리를 묶을 때 찢은 편지를 보니 그것은 틀림없는 그 종이였다. 이 이야기는 "이것은 근래에 일어난 세상의 신기한 이야기로

---

91) 1203년 몰.

184

결코 엉터리가 아니다."라고 징헌(澄憲) 법사[91]가 다른 사
람에게 말씀하신 것이다.

옛날 소야황(小野篁)[92]의 여동생이 죽은 후 매일 밤 나
타났는데, 무엇인가를 이야기하는 목소리만 나고 확실히
손에 닿는 것은 없었다고 한다. 아마 마음에 둔 그리움이
커서 이상한 일이 일어난 것은 이들의 예에서도 알 수가
있다. 어리석은 범부를 사모하는 것조차도 이러한데 하물
며 불보살님을 친견하는 것은 오죽하겠는가.

부처님과 보살은 자신을 진심으로 만나려고 원하는 사
람이 있으면 반드시 그 앞에 나타나겠다고 맹세를 하셨
다. 이 맹세를 알면서도 부처님을 뵙고자 노력하지 않는
것은 또다른 죄라고 할 수 있다. 처자를 사랑하고 명예와
이익을 원하듯이 불도에 정진하면, 부처님과 보살이 모습
을 나타내는 것은 어렵지 않은 일이다.

지극한 마음을 다하지도 않으면서 '말세니까 그러한
일은 없을 것이다. 하찮은 몸이니까 이루어지지 않을 것
이다.'라고 소극적인 마음을 먹는 것은 다만 뜻이 얕아서
그런 것이다.

어떤 사람이 "하루살이라는 벌레가 있다. 그 부부의 정
이 깊기는 어느 생물보다 강한 것이다. 그 증거로 다음과

---

92) 852년 몰.

같은 것이 있다. 이 벌레 부부를 동전 두 닢에 각각 붙인 후 두 개의 동전을 다른 사람에게 주고 시장에 유통시키면, 그것이 여기저기 돌고 돌면서 많은 사람의 손을 거친다. 그러나 그 맹세가 굳기 때문에 저녁에는 반드시 이 두 개의 동전이 원래대로 끈으로 꿰어져 하나가 되는 것이다.”라고 말했다. 그 뒤부터 돈의 한 면을 ‘청문(蜻蚊)’이라고 한다고 한다.

하루살이 부부의 이야기에서 볼 수 있듯이 무슨 일이든 서원하는 믿음이 중요한 것이다. 우리들이 뜻을 두텁게 해서 불법 접하기를 원한다면 어찌 하루살이의 맹세와 다르다고 할 것인가. 예를 들면 악업에 이끌려서 생각지도 않은 길에 들어가도, 반드시 부처님과 보살이 나타나서 구원해 주실 것이다.

부동명왕의 사자가 소로 태어나다

　최근 비예산 서탑(西塔)의 서곡(西谷) 서남부에 극락방
(極樂房) 스님이 살고 있었다. 그가 살고 있던 거처는 남쪽
에서 북쪽을 바라보면 올라오는 길이 완전히 보이는 곳이
었다. 이 스님이 염불하고 팔걸이에 팔꿈치를 기댄 채 잠
시 졸았는데, 꿈에 어떤 사람이 북쪽에서 매우 야윈 소의
등에 물건을 싣고 올라가고 있었다. 소가 혀를 내밀고 올
라갈 수 없다고 하자, 머리가 빨갛고 곱슬곱슬하며 눈초
리가 현명해 보이는 동자가 소의 옆에서 앞서거니 뒤서거
니 하며, 이 소를 밀고 당기며 올라가고 있었다.

　극락방 스님이 '저 동자는 도대체 무엇을 하는 사람일
까?'라고 생각하고 있자니, 곁에 있던 사람이 "저것은 전
생을 반복하는 모든 생에서 신과 부처님의 가호에 대한
맹세를 어기지 않으려고 하는 것이다."라고 말하는 바람

에 졸음에서 깨어났다.

그런데 눈을 뜨고 보자 꿈에 본 것과 조금도 다르지 않게 그 소가 물건을 등에 지고 올라온다. 그런데 꿈속에서 보았던 빨간 머리의 동자는 보이지 않았다. 이것을 가만히 생각해 보니 소는 전생에 부동명왕(不動明王)의 동자이었을 것이다. 인과의 원리에는 한계가 있으니 업에 의해서 축생이 되었지만 그렇게도 버리기 어려워 이처럼 뒤에서서 부동명왕이 도와주었던 것이다.

그것을 보고 매우 슬프면서도 존경스럽게 생각되었기 때문에 이 스님은 "법사, 쌀을 조금 갖고 오세요."라고 말해 놓고, 소에게 뛰어가서 먹을 것을 주었다. 부처님의 원력이 엉터리가 아닌 것은 이와 같다. 그러므로 여러 생을 돌고 돌지라도 이 세상에서 부처님을 만나려고 원해야 할 것이다.

소납언 공경이 전생의 서원에 따라
하내국에 절을 짓다

소납언(小納言) 공경(公經)[93]이라는 글씨에 능숙한 사람이 있었다. 국사를 임명하는 행사가 있을 때 마음속 깊이 '만약 좋은 나라에 임명되면 그 나라에 절을 세우겠습니다.' 라고 서원하였다. 하지만 그는 하내(河內)[94]라는 시시한 나라의 태수가 되었기 때문에 유감스럽게 생각해서 "낡은 절이나 수리해야겠다."며 부임지로 향했다.

부임지에 도착해서 나라 안을 여기저기 시찰하며 돌아다닐 때, 오래된 절에 있는 부처님의 대좌 아래에 문서가 있어서 그것을 펴보았는데 사문공경(沙門公經)이라고 쓰여 있었다. 이상하게 생각해서 자세히 살펴보니 "내세에 이

---

93) 등원공경(藤原公經), 1099년 몰.
94) 대판부(大阪府)의 동부.

나라의 태수가 되어 이 절을 수리하겠다."는 원을 세운 문장이었다. 그는 이것을 보고 자신에게 이러한 인연이 있다는 것을 알고, 일이 원하는 대로 되지 않았다는 마음을 억누르고 신심을 다해서 절을 수리했다. 그 문장의 필적도 지금의 공경의 필적과 조금도 다름없이 매우 닮아 있었다. 공경이라는 것도 그 부견(伏見)[95]의 절을 수리한 장관처럼 전생과 같은 이름을 붙인 것이었다.

자신도 남도 전생의 일을 알지 못하니까 인과의 이치를 모른다. 허무한 마음으로 부산하고 분주하게 허겁지겁 명리를 뒤쫓다가 소원이 이루어지지 않는다고 신을 비방하고 부처님까지도 원망하는 것은 매우 어리석은 일이다. 또한 돌이켜 생각해 보면 소원은 전세에 세운 것과 일치하기 때문에 소원이 실현 가능한 것임을 알아야 할 것이다.

---

95) 등원준강(藤原俊綱), 뢰통(賴通)의 자제로 그가 전세에 준강(俊綱)이라는 이름의 승려였던 설화를 가리킴.

증공 스님이 병이 든 은사를 대신한 이야기

근래에 삼정사(三井寺)에 지흥(智興) 내공(內供)[96]이라고
해서 덕이 높은 사람이 있었다. 나이가 든 뒤부터 어떠한
과보인지 유행병에 걸려 임종에 들게 되어 제자들이 모여
슬프게 울었다. 그 때 청명(晴明)이라고 하는 신과 같은 음
양사가 있었다. 그는 지흥 스님의 병을 보고 "이 경우는
한계가 정해져 있는 업보로 생긴 것이다. 어쩔 수가 없다.
다만 그것을 위해 뜻이 깊은 제자로 그의 목숨을 대신하
겠다고 생각하는 사람이라도 있으면 기원해 봅시다. 그
이외에는 어떻게 하든 힘이 미치지 않는다."라고 말했다.

많은 제자들이 모여 있는 곳에서 이것을 듣고 지흥 스
님은 심한 고통을 참을 수 없어서 "대신 죽을 사람이 있는
가." 하고 나란히 앉아 있는 제자들을 차례로 둘러보았지

---

96) 궁중의 불사나 불교 행사를 하는 건물에서 일하는 사람.

만 입으로는 말해도 실제로는 버릴 수 없는 목숨이므로 각각 얼굴 색이 변해서 시선을 내리깐 채 한 사람도 나서지 않았다.

그 때 증공(證空)이라는 나이 젊은 스님이 지위는 낮지만 제자로 있었는데, 지홍 스님에게 "제가 대신하겠습니다. 불법을 중하게 생각해서 목숨을 가볍게 여기는 것은 제자로서 당연히 할 일입니다. 어떻게 지금과 같은 이야기를 들으면서 목숨을 아깝게 생각하겠습니까. 허무하게 버릴 것임에 틀림없는 이 몸을 지금 삼세(三世)[97]에 걸친 일체의 모든 부처님께 바쳐서 인간계에 태어난 추억으로 하겠습니다. 결코 괴로운 일이 아닙니다. 다만 팔십여 세가 된 어머니가 아직 살아 계시는데, 저 외에는 자식이 없습니다. 만약 어머니를 만나 작별 인사를 하지 않고 죽으면, 제 몸을 버리는 것만이 아니고 어머니의 목숨까지 다 하리라 봅니다. 어머니께 자세히 이 도리를 말씀 드리고 작별 인사를 하고 돌아오겠습니다."라고 말하며 자리를 떴다.

지홍 스님을 비롯해서 이것을 들은 사람들은 눈물을 흘리면서 한없이 감동했다. 증공 스님이 어머니가 계신 곳에 가서 이것을 전하고는 "부디 슬퍼하지 마십시오. 어머니의 뒤에 남아서 후세를 추선, 공양해서 이 정도의 커다란 공

---

97) 전세(前世), 현세(現世), 내세(來世).

192

덕을 짓는 것은 극히 어렵습니다. 지금 스승의 은혜를 중요하게 생각해서 그 목숨을 대신하면, 삼세의 모든 부처님도 나를 애처롭게 여기고 천상계와 지상에서 불법을 수호하는 신들도 놀라시겠지요. 그 공덕을 거듭해서 어머니가 극락 왕생에 이르도록 하겠습니다. 이것이 진정한 효도이므로 이 쇠약한 몸 하나를 버림으로써 스승과 어머니 두 사람의 은혜에 보은하는 것이 됩니다. 거기다 또한 노소부정(老少不定)[98]의 세계입니다. 만약 허무하게 목숨이 끊어져 내가 어머니보다 앞서간다고 하면 그 때 후회해도 어찌할 도리가 없습니다. 무엇을 이 세상의 추억으로 생각하시겠습니까."라고 하는 아들의 말을 들으면서 어머니가 눈물을 흘리고, 놀라서 슬퍼하는 것도 당연하다.

"내 어리석은 마음에는 공덕이 많아야 좋을 것이라고는 생각하지 않는다. 다만 네가 어릴 때는 내가 키웠으므로, 내가 나이가 들면서부터 너에게 기대는 것은 천지의 이치이다. 남은 목숨이 오늘인지 내일인지도 모를 나를 버리고 스스로 앞서 죽는 것은 매우 슬프지만, 그 뜻이 깊은 것을 생각하고 스승의 목숨을 대신한다고 하면 너의 후세는 의심할 여지가 없겠지. 정말로 노소부정의 목숨이다. 생각해 보면 세상은 꿈, 환상처럼 허무한 것으로 먼저 죽기도 하고 나중에 남아 있는 사람도 차례가 뒤바뀐다.

---

98) 죽는 시기가 반드시 연령의 순서에 의해 정해지지 않는 세계.

네 뜻대로 하여, 하루 빨리 정토에 태어나서 나를 구해다오."라고 어머니가 말했다고 한다.

어머니가 눈물을 흘리면서 위와 같이 말했기 때문에 증공 스님은 울면서도 기뻐하며 돌아갔다.

증공 스님은 절에 돌아가자마자 나이, 이름 등을 써서 청명의 처소에 보냈다. 청명은 오늘 밤 기도해서 목숨을 대신하는 사람에게 병을 떠맡게 한다고 말했다. 이렇게 밤이 점점 새어 감에 따라 증공은 머리가 아프고 기분이 나빠지고 신체가 뜨거워져 참을 수 없을 정도가 되었다.

그래서 자신의 승방에 가서 나중에 남겨서는 곤란한 듯한 편지 등 개인 물품을 정리하고, 수년 동안 소중히 간직해온 그림의 부동명왕상을 향해서 "나는 아직 젊고 몸도 튼튼하니까 목숨이 아깝지 않은 것은 아니지만 스승의 은혜가 깊다고 생각하기 때문에 지금 스승의 목숨과 바꾸려고 합니다. 그러나 지금까지 불도를 적게 닦았기 때문에 후세가 심하게 괴롭습니다. 부디 부동명왕께서는 저를 불쌍히 여기시어 악도에는 떨어뜨리지 마십시오. 병의 괴로움은 이미 나의 몸을 침범해서 일순간도 참을 수가 없습니다. 본존을 참배하는 것도 다만 지금뿐입니다."라고 울며불며 말했다.

그 때 그림 속의 부처님이 눈에서 붉은 눈물을 흘리면서 "너는 스승을 대신한다. 나는 너를 대신한다."고 말씀

하시는 목소리가 뼈에 사무치고 간에 스며들었다. "소원
이 이루어졌다."라고 하며 손을 모아서 기원하자 땀이 흘
러내리고 몸의 열이 식어 그 자리에서 마음이 편해져 버
렸다. 지흥 스님도 그 날부터 기분이 좋아진 후 이것을 듣
고 증공 스님의 일을 소홀하게 생각할 리가 없었다. 그 후
로 둘은 특별히 서로 신뢰하는 스승과 제자의 관계가 되
었다.

전해 듣자니 그 본존은 나중에 백하상황(白河上皇)⁹⁹⁾의
처소에 있었다. 상주원(常住院)의 '우는 부동명왕'이 이것
이다. 눈에서 눈물을 흘린 자국이 정말로 확실히 보였다.
증공 스님이라는 분은 공야(空也) 스님의 무릎이 부숴졌을
때, 여경(余慶) 승정이 기원해서 고치셨기 때문에 "불법을
수행할 수 있는 자질이 있는 자입니다."라고 말해서 공야
스님이 여경 승정에게 맡겼던 동자이다.

---

99) 상황이란 양위(讓位)한 천황의 높임말.

삼정사의 스님이 꿈에 가난한
젊은이를 본 이야기

옛날 삼정사(三井寺)에 매우 가난한 스님이 있었다. 어느 날 스님은 '내가 이렇게 가난한 것은 이 절에 인연이 없기 때문이다. 밖에 가서 전세로부터의 인연이 어떠했는가를 시험해 보아야겠다.'고 생각하며 다음 날 새벽에 절을 떠나기 위해 일찍 잠자리에 들었다.

그런데 꿈속에서 얼굴 색이 푸르스름하고 야윈, 초라한 행색의 젊은이가 자신과 같이 짚신 신을 준비를 하고서는 나가려 하고 있었다. 스님은 그 젊은이가 이전에 본 적이 없는 사람이기 때문에 이상하게 생각해서 "당신은 누구십니까?"라고 물었다. 그는 "오랫동안 여기에 있던 사람입니다. 저는 언제나 당신과 함께 있었는데, 이번에도 같이 나가려고 합니다."라고 했다. 스님이 "그런 사람이 있었던가? 당신의 이름이 무엇입니까?"라고 묻자 그는 "보통 사람이 아니라 저에겐 색다른 이름이 있습니다. 조금이라도 나를 알아 본 사람은 '전세의 업보로서 가난을 가져온다는 젊은이'라고 합니다."라고 말했다.

스님은 꿈에서 깨어 자신의 불우한 전세에서의 인연을 알고는 '어디에 가더라도 이 젊은이와 함께라면 지금과 같다.'고 생각해서 딴 데로 향하려던 마음을 바꾸어 초라한 생활을 하며 본래의 절에서 살았다고 한다.

이 가난한 스님처럼 모든 사람이 전세의 인연 정도를 알 수 있는 것은 아니다. 언젠가는 죽을 운명임에도 불구하고 평생 시간을 헛되이 보내 소중한 후세를 위한 일을 제쳐놓고서 순간의 일에만 마음을 다 바치는 것이다. 부처님의 지혜와 견식(見識)으로 보면 어떨까 하고 생각하니 창피한 일이다.

실인 스님이 대불 공양을 할 때 죄를 멸하다

어느 해 동대사(東大寺)의 대불(大佛) 공양을 할 때 시골 사람들이 모여들었는데 그 권선의 직책을 맡은 스님(중원: 重源)의 꿈에 한 고승이 와서 고하기를 "이 스님과 속인이 헤아릴 수 없을 정도로 많이 모여 있던 중에 실인(實印)이라는 스님이 무한한 과거부터 쌓아온 죄 등이 모두 소멸되었다."라고 말했다.

그래서 그는 다음날 매우 근엄한 목소리로 "이러한 이름의 사람이 있는가?" 하고 물었고, 두 사람이 이윽고 만났다. 스님은 곧 실인 스님에게 지난 밤의 현몽에 대해 말하면서 "그렇게 해도 무한히 먼 과거로부터 쌓은 죄를 멸한다고 하니 어느 정도의 일을 한 것입니까. 정말로 이상한 일입니다."라고 말하자 실인 스님은 "저는 전혀 아무 일도 하지 않았습니다. 다만 부처님 앞에 있을 때 보통 때

보다도 강하게 신심(信心)이 일어나더군요. 그래서 다른 일을 생각하지 않고 울면서 흐르는 눈물을 닦으며 대반야경(大般若經)의 반야이취분(般若理趣分) 제578권을 한 번 읽은 적이 있습니다."라고 대답했다.

어떤 스님이 평판을 얻기 위해
법당을 짓고 천구가 되다

어느 산사에 덕이 높다고 평판이 자자한 고승이 있었다. 수년 동안 법당을 세우고 불상을 조성하여 여러 모로 공덕을 쌓는 등 덕이 높은 행동을 하고 죽을 때에도 훌륭했기 때문에 제자들도 주위 사람들도 고승이 확실히 왕생했다고 믿고 있다.

그런데 어떤 사람에게 이 고승의 혼이 붙었다고 한다. 제자들은 납득이 가지는 않았지만 그 사람에게 사연을 들어보니 스승이 이미 천구가 되어버렸다고 하는 것이다. 제자들은 뜻밖의 일이라고 생각하며 매우 애석하게 여겼다. 제자들은 괴이쩍어하면서도 계속 그에게 '덕높으신 스승께서 어쩌다가 그렇게 되었는가' 하며 이상하게 생각한 점을 물었다.

"나는 살아 있는 동안 세상에 들리는 평판만을 무척 마음에 두고 살았다. 그래서 실제로는 갖추지 않은 덕을 갖고 있는 것처럼 행동했다. 그렇게 자신의 덕을 가장해서 조성한 불상이고, 나 또한 이러한 몸이므로 이 절에 사람들이 참배하는 날에는 나의 괴로움이 더해진다."고 상상할 수도 없는 말을 했다.

이 스님의 경우를 보면, 뛰어난 공덕을 쌓아도 힘써 수행하여 자신의 마음을 조절하지 않으면 그 보람이 없다고 하는 것이다. "근래의 일이니까 이 스님의 이름은 알고 있지만 일부러 그것을 밝히지 않습니다."라고 어떤 사람이 말했다고 한다.

장락사의 비구니에게 부동명왕의
영험이 발현하다

근래 나량(奈良)에 한 스님이 있었다. 수년 동안 세 척의 부동명왕을 본존으로 해서 아침, 저녁으로 공양을 행했다. 그런데 언젠가 수행하면서 눈을 감고 염송하고 있는 중에 이 본존이 없어지고 다만 불상을 안치하는 대만 남아 있었다. 무척 기이한 일인지라 놀라워하며 이것저것 의심해 보았다.

'이것은 마귀의 장난인가, 혹은 내가 신심이 약해 수행하는 데 게으른 마음을 일으켜서 부처님의 뜻에 좇지 않았던 것인가.' 등 마음으로 괴로워하며 슬퍼하다가 잠시 후 들여다보니 아무 일도 없었던 것처럼 부동명왕이 그대로 있었다.

귀신에 홀린 것도 아니고, 아무리 생각해도 납득할 수

없는 일이었지만 그저 그 까닭을 모른 채 지냈는데 그 후
에도 이처럼 부동명왕이 없어지는 일이 가끔 있었다.

그래서 특별히 몸을 씻고 칠일 동안 신심을 다해서 하
루에 세 번 염불을 하며 어찌 된 상황인지 알 수 있게 해
달라고 기원하고 있던 중 꿈을 꾸었다. 비록 꿈속에서였
지만 본존 앞에서 기도할 때 본존이 없어지는 것을 현실
처럼 본 것에 대해 이상하게 생각하였다. 그러자, 본존이
"그대는 놀라지 않아도 된다. 이십 여 년이라는 세월 동안
나를 의지해서 임종 때 악마의 방해를 피하기 위해 기원
하는 사람이 있다. 그를 돕기 위해 때때로 그 쪽에 출행하
는 것이다."라고 말했다.

스님이 "그 분은 어떠한 곳에 계시고 무얼 하는 분이십
니까?"라고 물으니 본존이 대답하기를, "경도시 동산(東
山) 근처의 장락사(長樂寺)라는 곳에 있는 유련방(唯蓮房)이
라는 비구니가 임종이 가까워졌으니 이, 삼 년 동안은 때
때로 가 보려 생각하고 있다."고 말하는 것을 듣고 꿈에서
깨었다.

이 스님은 꿈의 내용이 너무나 생생하게 생각나는데다
이상한 생각이 들어 눈물을 흘렸다. 스님은 곧 꿈의 내용
이 실제와 일치한지 알고 싶어 장락사에 갔다. 사람들에
게 "이러이러한 비구니스님이 있는가?"라고 묻자 확실히
있다는 것이었다. 실제로 그 움막에 가 보았더니 문은 열

려 있는데 사람이 없었다. 그래서 옆집 사람이 가르쳐주
는 대로 운거사(雲居寺)[100]에 가서 직접 비구니스님을 대면
했다.

비구니스님에게 아직 그 사실에 대해서는 말하지 않고
이런저런 이야기 등을 하면서 "왕생을 위한 공양으로 어
떠한 일을 하고 계십니까?"라고 물었다. 비구니스님은
"염불 이외에는 달리 아무 것도 하고 있지 않습니다."라고
말했다. 그래서 더욱 상세히 물으니 "여기서 이십 년 남짓
부동명왕(不動明王)의 자구(慈救)진언[101]을 매일 이십일 회
씩 읊으면서 임종 때에 마음이 흐트러지지 않고 왕생하도
록 기원하고 있습니다."라고 했다.

스님은 이 말을 듣고 "실은 제가 별다른 이유도 없이
방문한 것은 아닙니다."라고 하며 전 날 밤 꿈속의 이야기
를 처음부터 세세하게 얘기해주었다. 그러자 비구니스님
도 눈물을 참으면서 "믿음직스럽고 덕스러운 일입니다."
라고 하며 기뻐했다. 그날 두 사람은 똑같이 극락정토에
태어나자고 약속하고 이별했다.

그 후 이윽고 비구니스님이 중한 병에 걸렸다. 근처의
사람들이 "비구니스님이 더 이상 사는 것은 무리일 것이
다."라고 서로 말하면서 자주 문안을 드리면 "금년에는 죽

---

100) 장락사에서 서남쪽으로 500m 떨어진 곳에 있는 절.
101) 다라니 대, 중, 소 중의 중진언.

204

지 않을 것입니다. 내년 이월 십오 일이 죽는 날입니다." 라고 대답했는데 말 그대로 그 다음해에 목숨이 끊어졌다. 비구니스님은 그 해 이월 십오 일 두 시쯤 병도 없이 임종에 바른 마음을 갖고 부동명왕의 모습을 본뜬 기장을 묶고 단정히 앉아서 숨을 거두었다.

이 비구니스님은 장락사에 움막을 지었지만 항상 그 곳에 있었던 것도 아니다. 운거사의 염불하는 스님이 되어서 대부분 그 절에 살았는데 염불말고는 달리 하는 것이 없었다. 여러 사람과 만나서 갖가지 이야기를 나누거나 웃고 흥겨워하는 것도 전혀 없었다. 대체로 무뚝뚝하게 말했다.

지금부터 십 여 년 정도 전의 일이니까 이 비구니스님에 대해서는 모두 보기도 하고 듣기도 하였을 것이다.

"그 나량의 스님 이름도 그 때는 기억하고 있었지만 지금은 잊어버리고 말았다."라고 어떤 사람이 말했다. 말세지만 믿고 신봉하는 사람을 위해서인지 이와 같이 신이한 일도 있었던 것이다. 신앙심이 없는 사람이 자신의 마음이 도달하지 못한 것은 눈치채지 못하고 모든 죄를 말세 탓으로 돌리며 장난처럼 한심한 마음을 일으키는 것은 참으로 우둔한 일이다.

연세 든 비구니가 죽은 후에
귤나무의 벌레가 된 이야기

근래 어느 스님의 집에 커다란 귤나무가 있었다. 그 나무에는 열매만 많이 열리는 것이 아니고 그 맛도 특별했기 때문에 주인인 스님이 둘도 없이 소중하게 생각했다. 그 집 옆에 나이 든 비구니스님이 홀로 살았다. 그녀는 중병에 걸려서 마루에 기대어 수일 동안 아무 것도 먹지 않고 있었다. 병이 너무 깊어 따뜻한 물 등을 생각해도 마실 수 없을 정도로 되어 버렸지만 이 귤나무를 보고는 "저 귤나무의 귤이 먹고 싶다."라고 했다.

그래서 곧 주위 사람을 시켜 "비구니 스님이 귤을 원하고 있습니다."라고 귤나무 주인스님에게 전했다. 하지만 그 주인스님은 무정하게도 귤을 너무나 아까워하며 하나도 주지 않았다. 이를 전해 들은 비구니스님은 "너무 심하다, 한심한 일이구나. 내 병은 이미 심해져서 오늘 갈지 내일 갈지 언제 갈지 모르는 목숨인데…. 내가 설사 많이 먹는다 해도 두 개 세 개 이상은 먹을 수 없을 것이다. 그런데 그러한 나를 불쌍히 여기지도 않고, 내가 원하는 일을 이루어 주지 않는구나. 분하다. 나는 여태껏 극락에 태어나기를 원해 왔지만 이제는 그 귤나무를 먹어치우는 벌레가 될 것이다."라고도 하고, 또한 "이 분함이 다하지 않는 한 어떻게 정토에 태어날 수 있겠는가."라고 말하며 죽었다.

옆집의 주인스님은 이러한 정황도 모르고 수일이 지난 후에 떨어진 귤나무 열매를 주워서 먹으려 했다. 그런데 귤 껍질을 까자 껍질마다 일, 이 센티미터 정도 크기의 하얀 벌레가 있었다. 놀라서 '다른 것도 전부 이러한 모양인가.' 하고 생각하며 다른 귤들을 까보자 많은 귤 속엔 전부 똑같이 하얀 벌레가 있었다. 매년 이렇게 벌레가 먹었기 때문에 어찌할 수 없어 결국에는 그 귤나무를 잘라 버리고 말았다.

죽으면서 기원한 힘이라고는 하지만, 귤나무에 이렇게 많은 벌레가 생긴 것은 매우 이상한 일이다. 이렇게 보면 나쁜 일을 원할 때는 나쁜 방향 쪽의 바람이 이루어지기 쉬운 것임을 잘 알 수 있다.

사조궁의 시녀가 사람을
저주해서 거지가 되다

옛날에 어떤 걸식하러 다니는 여자가 있었는데, 그녀의 남다른 일생에 대해 세상사람들이 잘 알고 있었다. 그녀가 자신의 신상에 대해 스스로 말한 것에 의하면 다음과 같다.

"나는 원래 사조궁(四條宮)의 시녀인데 모두 미나소코[102]"라고 불렀습니다. 애인이 장관이 되어 부임할 때에 함께 가자고 권했기 때문에 궁에도 이별을 고하고 섬기던 분들에게 그 사정을 이야기해서 스스로 출발 준비를 했습니다. 천황으로부터 여행할 때 입는 옷을 하사 받고 모든 시녀들로부터 이런저런 부채라든가 색종이라든가 하는 선물을 받았습니다. 벌써 날이 새서 거듭 이별의 인사를 드

______

102) 한자가 본문에 없음

리고 일의 전말을 말씀 드리고 마을에 나와서 영접하는 마차를 대기시키고 있었습니다만, 그 날은 애인의 소식조차 없었습니다.

이상하다고 여기고 사람들에게 '혹시 장관이 부임지로 출발하는 것이 연기되었습니까.'라고 묻자 '벌써 새벽에 가셨습니다. 부인이 낮에는 눈치채지 못하고 있다가 밤중에 갑자기 부임할 리는 없다고 생각했지만 정말로 나를 남기고 누구를 데리고 가실 작정입니까라고 노여워하셨기 때문에 그대로 부인과 함께 가셨습니다.'라고 합니다.

이 말을 듣고 원망하는 마음이 일어난 것은 말할 것도 없습니다. 우선 사람들이 어떻게 여기겠는가 하는 것을 생각하기도 괴로워서 그 후로는 궁에도 들어가지 않았습니다.

곧 그 날부터 기분이 매우 나빠져서 백일 밤이 지난 후 귀선신사(貴船神社)에 고하기를 '내 몸은 안전하게 하고 다른 사람을 불행하게 해 달라고 기원하면 그것은 어렵겠지요. 부인을 죽여주십시오. 내 목숨을 바치겠습니다. 만약 내가 살아있는 상태라면 걸식하는 몸이 되고 후세에는 아비지옥으로 떨어질 과보를 받는다고 해도 그것을 한탄스럽게 여기지 않겠습니다. 다만 이 분함에서 구해 주십시오.'라고 일심으로 말했습니다. 애인은 다만 나와 마주할 면목이 없다고 해서 미안하게만 여겼지 내가 그 정도로 깊게 생각하는지 몰랐습니다.

　그 남자가 부임지에 도착해 한 달 정도 지나서 그 부인이 목욕탕에 갔는데 수증기로 뿌연 천장 위에서 한 척 정도 크기의 신발을 신은 발이 내려왔다는 것입니다. 부인이 깜짝 놀라 부들부들 떨자, 시녀가 "무엇이 보이세요."라고 물었습니다. 그 발은 부인 외에는 보이지 않았던 것입니다. 부인은 그것 때문에 놀라고 무서워서 목욕물도 데우지 않은 채 소란을 피우다가 목욕탕에서 올라온 후 곧 중병에 걸려서 이윽고 죽어버렸다고 합니다. 소원을 빈 지 아직 백일도 채 되지 않았을 때에 내가 그 이야기를 듣고서 마음이 기뻤던 것은 말로 할 수도 없습니다.

　그 후로는 웬지 불운이 계속되어 생활할 수 없을 정도로 몸이 쇠약해지더니 결국에는 이처럼 걸식을 하면서 다니게 되었습니다. 잠을 잘 때는 소름 끼치는 꿈을 많이 꿉니다만, 내가 말한 바가 있기 때문에 새삼스럽게 원망하는 마음은 전혀 없이 달게 받고 있습니다. 하지만 이처럼 심하게 늙어버린 후에는 후회가 막심합니다. 어떻든 죄가 많아 그처럼 다른 사람을 원망하는 마음을 일으켜서 내세에서도 성불할 수 없는 몸이 되어 버렸는가하고 생각해 보았지만 어떻게든 방법이 없습니다."[103]라고 말했다.

---

103) 그녀의 일생을 생각해보면 참으로 깨닫는 바가 있을 것이다. 평소 어떤 마음가짐으로 어떻게 살아가야 할지 잘 알 수 있을 것이다.

금봉산에서 처를 범한 사람이
세월이 지나 맹인이 되다

하내국(河內國)[104]으로부터 처와 동행해서 금봉산(金峰山)[105]을 참배하는 사람이 있었다. 그들은 밤이 되어서야 도착해서 매우 피곤했기 때문에 법당에서 조금 쉬었다. 하지만 약간 옆으로 비껴 누워 있었기 때문에 결국 서먹서먹해져 버렸다. 잠시 졸다가 눈을 뜨니 옆에 처가 있어 그 남자는 잠결에 참배한다는 것을 잊어버리고 자신의 집에 있는 것처럼 착각해서 분별없이 처를 범했다. 차차 정신이 들어 눈을 뜨면서 생각해 보니 금봉산의 본존인 금강장왕(金剛藏王) 앞이었던 것이다.

---

104) 지금의 대판부(大阪府).
105) 나량현(奈良縣) 길야군(吉野郡)에 있는 밀교의 일파인 수험도(修驗道)의
　　　영지.

그는 말할 수 없이 놀라웠고, 곤혹스러웠다. 애초에 집에서 정진을 할 때조차 조금이라도 태만했던 일이 있으면 당장 두려운 일이 생겼는데, 이 정도로 큰 실수를 해 버렸으니 지금 곧 벌을 받을 것은 의심할 여지가 없었다.

"이 무슨 일인가" 하고 처도 남편도 놀라워하며 슬퍼했다. 우선 절에서 나와 하천에 가서 두 사람이 목욕재계를 하고 참회하면서 금강장왕께 사죄를 드리고 돌아왔다.

또한 이러한 일은 그 유례가 없는 일이었기 때문에 다른 사람에게도 말하지 않고 마음 속으로 벌받는 것을 이제나 저제나 하고 기다리면서 세월을 보냈다. 하지만 처에게도 남편에게도 아무 일도 없이 그냥 지나가 버렸다. 이 일은 그 남자의 나이 스무 살 정도 때에 일어난 일이었다.

사십여 년이 지난 후 그 남자의 친한 친구가 금봉산을 참배하면서 함부로 과장해서 말했다. 이에 그 남자는 친구에게 "그 정도로 말하지 않아도 될텐데."라고 말했다. 그러자, 상대방은 자연히 흥분하며 대응하였고, 남자는 예전에 있었던 일을 이야기해주었다.

"자네 말은 과장된 거야. 나는 그 옛날 이러이러한 잘못을 금강장왕 앞에서 범했지만 아직까지 벌받지 않고 이미 육십이 넘었어. 만에 하나 그러한 잘못을 저질렀더라도 다만 시끄럽게 말하는가, 말하지 않는가에 달려 있는 것 같아(잠자코 있으면 아무도 모르니 처벌받지 않을 것이다)."라고 말했다.

이 말을 들은 그 남자의 친구는 이제껏 살아오면서 처음으로 들은 소리인지라 매우 놀라워했다. 그런데 이 날 밤 잠을 자면서 옛날 일을 친구에게 고백한 노인, 곧 그 남자(금강장왕 앞에서 죄를 범한 노인)의 두 눈이 찌그러져 버렸다.

이것은 아주 얼마 전 일이다. 부처님과 신의 계시는 모두 이러한 것이다. 한편으로는 중생의 어리석음을 고려하고, 또 한편으로는 부부가 깊이 참회했기 때문에 그것을 받아들였다는 것도 모르고 그 남자는 좋지 못한 마음을 냈던 것이다. 부처님이나 보살이 중생을 구하기 위하여 임시로 신의 모습을 빌어 나타난 것(여기서는 금강장왕)을 무시한데다 오히려 다른 사람의 신앙심을 흐트러뜨리려고 했기 때문에 오래된 잘못이 더욱 큰 허물이 되었던 것이다.

성범 스님과 영조 스님이 비예산을 떠나서
나량에 산 이야기

근래에 나량(奈良)에 성범(聖梵)과 영조(永朝)라는 두 스님이 있었다. 이 두 스님은 원래 비예산 연력사(延曆寺)에서 공부를 하며 오랫동안 함께 살았다. 그 때 연력사에는 뜻이 같은 젊은 사람들이 많이 있었는데 그들보다 뛰어나기는 어려울 것 같아 두 사람이 의논해서 비예산을 떠나 나량으로 왔던 것이었다. 나량 언덕[106]에 와서 시내를 둘러보니 아득하게 보이는데, 흥복사(興福寺) 쪽에는 사람이 많고 매우 번화해 보였고, 동대사(東大寺) 쪽에는 사람이 적어서 쓸쓸한 것처럼 보였다.

성범 스님은 약간 정직하지 않은 사람이었기 때문에 마음 속으로 '사람이 많은 곳에서 내 생각대로 출세하기

---

106) 지금 경도의 남부에서 나량쪽으로 갈 때의 입구에 해당하는 언덕.

214

는 매우 어렵다. 동대사로 가는 것이 좋겠다' 라고 생각하고는, 영조 스님에게 "둘이 한꺼번에 같은 곳에 가는 것은 형편에 나쁘겠지요. 스님은 흥복사로 가십시오. 나는 원래 삼론종(三論宗)[107]을 약간 배웠으므로 동대사로 가겠습니다."라고 말해 그 곳에서 둘은 각각 헤어져서 영조 스님은 흥복사로, 성범 스님은 동대사로 갔다.

이 두 사람은 스님으로서 뛰어나진 않았지만 영조 스님은 정직한 사람이었기 때문에 그대로 흥복사에 가서 그 곳에서 수업을 받고 곧 승진해서 스님이 되었다. 한편 성범 스님은 신통치 못한 사람이었기 때문에 달 밝은 밤, 곰곰이 신상을 생각하면서 다음과 같은 시를 읊기도 했다.

이 달은 옛날 보았던 달(나와 함께 비예산을 나오던 때의 달)을 닮았구나.
나와 함께 산을 나온 것일까.

이 성범 스님은 불교의 교리를 배우는 학승으로서는 뛰어나다는 평판이 있었지만 인격적으로 문제가 있었다. 경론 등을 다른 사람에게 빌려서 특히 중요한 문장이 있는 곳을 잘라내고는 아무렇지도 않게 이어서 돌려보내기도 했다. 그 잘라낸 문장 자투리가 작은 옷궤에 가득 찼다

---

107) 용수의 중론(中論) 등 3개의 이론에 의거한 종파.

고 한다. 이처럼 시커먼 마음을 갖고 있었기 때문에 스님이라고 해도 별 소득이 없었다. 이 세상에서는 관직도 얻을 수 없었고 결국에는 양쪽 눈이 빠져 버리고 임종에는 여러 가지 죄의 양상 등이 나타나서 "이 바보 같은 사람이"라고 말하며 죽었다는 것이다. 어떤 지혜든 공덕이든 마음이 맑아야 궁극에 이르는 것이다.

한편 영조 스님은 보통 춘일(春日)[108] 신사에 머물러 있었는데 신의 감응(感應)이 새로워서 꿈속에서 모습을 뵌 것이 여러 번 되었지만, 신은 언제나 뒷모습만을 보였기에 만나 뵐 수가 없었다. 이 때문에 이상하고 유감스럽게 생각해서 신심을 내어 비니 꿈속에서 고하시길 "네가 유감스럽게 생각하는 것은 당연하다. 단 너의 일이 불쌍하다고 해도 나에게 후세의 일을 전혀 기원하지 않기 때문에 앞모습을 보여주지 않는 것이다."라고 했다.

말세에 태어난 중생의 근기에 따라 임시로 신이 되어서 나타난 것이지만, 신은 진심으로 중생을 교화해서 극락에 태어나시게 한다는 의지에서 일어난 것이므로 현세의 일만 기원하는 것을 불만스럽게 생각한 것이다.

---

108) 나량(奈良)에 있음.

궁중의 호위를 맡았던 관리가
은둔해서 왕생하다

얼마 전에 궁중의 호위를 맡는 관청에 근무하는 남자가 있었다. 동생은 검찰관이 되고 입신해서 중앙관청의 차관에까지 올라 출세했는데도 불구하고 자신은 이와 같은 축에도 못 끼는 것을 괴롭게 생각해서 수년 전부터 하무(賀茂) 신사에 귀의한 자이다.

그는 특별히 신심을 가지고 매일 참배하면서 자신의 출세를 빌었는데 어느 날 꿈을 꾸게 되었다. 꿈에 현실에서 언제나 원하고 있는 것을 눈물을 흘리면서 호소하자, 신전(神殿)의 문이 열렸다. 너무도 놀라운 일이라 앞을 쳐다보지도 못하고 엎드려 있었다. 그런데 밤중인데도 불구하고 환한 느낌이 들어, 곧 눈을 뜨고 올려다보니 신사 안에서 아미타여래가 확실히 모습을 보이고 있었고, 그 빛이 주위에 퍼져 있는 것이었다. 매우 존경스럽고 고마워 눈물을 흘리면서 참배하는데 꿈에서 깨었다.

그 후 곰곰이 생각해 보았으나, 자신에게 어떤 상서로운 일도 일어나지 않아 그것이 유감스러웠다. 그러나 이 세상의 일은 전세의 업보에 의한 것이기 때문에 신의 힘으로도 어쩔 수 없다는 마음이 들어, 직접 자태를 보여 주신 것만으로도 감사하게 생각했다. 또한 아미타여래의 모습으로 나타나신 것은 분명 다른 뜻이 있을 것이라 믿고, 곧 발심해서 머리를 깎았다.

그 후 현세의 일은 꿈이나 물거품, 환영과 같이 덧없는 영화라는 깨달음을 얻었다. 그는 이 모든 것이 불보살 덕택이라며 기회가 있을 때마다 쉬지 않고 염불을 하며 밝게 생활하였다. 임종을 맞이해서는 심하게 괴로워하지 않고 원하던 대로 염불을 소리 높이 읊어서 마음이 흐트러지지 않고 죽었다는 것이다.

이 세상은 뜬구름과 같은 것이니 마음을 비우고 생활해야 할 것이다. 이 남자도 환순(桓舜)[109] 스님과 같은 부류이다. 이 세상의 불우한 것으로부터 번뇌를 벗어나는 인연을 얻었다고 한다.

---

109) 원치원(源致遠)의 자제, 1057년 몰. 연력사의 4걸(四傑)의 한 사람으로 알려짐

어떤 스님이 신에게 바친 잉어를
풀어 주고 꿈속에서 원망 당한 이야기

어느 스님이 배를 타고 근강국(近江國)의 비파호를 지날 때 어떤 사람이 어선에 커다란 잉어를 잡아서 갖고 가고 있었다. 잉어가 아직 살아서 펄떡펄떡 소리를 내고 있는 것을 보고 가련한 생각이 들어 스님은 입고 있던 속옷을 벗어 그것을 대가로 잉어를 호수에 풀어 주었다. 그리고나서 기분이 흡족하고, 매우 좋은 공덕을 쌓았다고 생각했는데 그 날 밤 꿈에 하얀 평상복을 입은 노인 한 사람이 자신을 방문했다.

노인이 아주 원한이 맺힌 모습이라 이상하게 생각해서 물으니 "나는 낮에 어망에 걸려서 목숨이 끝나려고 했던 잉어입니다. 스님이 하신 일이 분해서 그것을 말씀드리러 찾아왔습니다."라고 한다. 스님이 "그렇게 말하는 것은 납

득할 수 없습니다. 기뻐하며 감사하다는 인사를 하는 것
이 아니고 원망하다니 내가 전혀 짐작한 바가 아닙니다."
라고 말했다. 노인은 "지당하신 말씀입니다. 하지만 나는
물고기의 몸으로 태어난 후 생사의 괴로움을 벗어나서 깨
달음〔菩提〕으로 향하는 기회를 전혀 얻을 수 없었습니다.
물고기 몸으로 이 호수의 밑바닥에서 많은 세월을 보냈지
요. 그런데 때마침 하무(賀茂)신사의 공양물이 되었기에
그것을 인연으로 해서 생사의 괴로움에서 벗어나려고 하
였는데 스님 때문에 축생도에 태어난 업을 연장해 버린
것입니다."라고 했다.

하산하는 스님이 하합사 앞에서
숨이 끊어지다

근래의 일인가. 비예산에서 내려온 스님이 있었다. 그 스님이 하합사(河合社)[110] 앞의 강 가를 지나고 있을 때 어린아이 세 명이 매우 시끄럽게 언쟁하고 있었다. 스님이 잠시 서서 그 이유를 물었다.

아이 하나가 "아무래도 확실히 하지 않은 것이 있습니다. 우리는 하합사 앞에서 다른 사람이 읽은 경전의 이름을 여러 가지로 말하면서 자신이 말한 것이 정확하다고 서로 논쟁하고 있습니다."라고 말했다.

스님이 흥미를 갖고 한 사람씩 그에 대한 이야기를 들으니, 한 아이는 진경(眞經)이라고 하고 또다른 아이는 심경(深經)이라고 하고, 또 한 아이는 신경(神經)이라고 했다

---

110) 하무(賀茂)신사의 섭사(攝社: 본사의 제신과 인연이 깊은 신을 모신 신사).

(반야심경의 약칭을 세 명이 각각의 표기로 이해하고 있었다). 스님이 아이들의 말을 듣고 웃으며, "세 사람 모두 틀렸다. 심경(心經)이라고 하는 것이다."라고 말하니 아이들이 싸우는 것을 멈추고 모두 사라져 버렸다.

그런 뒤 그 스님은 한 보 정도 가서 갑자기 현기증이 나서 모래밭에 쓰러져 버렸다. 모래밭에 쓰러져 꿈을 꾸는 듯한 마음으로 기대어 있자 고귀한 사람이 머리맡에 나타나서 다음과 같이 말하였다.

"당신이 한 일은 매우 유감스러운 일이다. 이 어린아이들이 말한 것엔 모두 그 뜻이 있는 것이다. 진경(眞經)이라고 하는 것이 틀림이 없다. 그것은 진정한 법이기 때문이다. 심경(深經)이라고 하는 것도 또한 틀림이 없다. 말로 하기 어려운 도리이기 때문이다. 신경(神經)이라고 하는 것도 틀림이 없다. 신이 특별히 귀중하게 생각하신 불경이기 때문이다. 나는 그 아이들이 이에 대해 장황하게 논하고 있기 때문에 이것저것 흥미 깊게 듣고 있었는데 당신이 언쟁에 끼어 들었기 때문에 아이들이 말을 멈추고 가 버렸다. 이에 그 일을 꽤 유감스럽게 생각해서 그것을 일러주고자 당신에게 온 것이다."

그의 말을 듣고 보니 스님은 식은땀을 흘리면서 그 즉시로 일어났다. 신이 불법을 존중하는 것은 뜻이 깊고 심오한 것이다.

일본 중세 불교 설화

초판인쇄   2002년 5월 10일
초판발행   2002년 5월 15일

鴨長明 **편** · 류희승 **역**
발행인   봉화영
발행처   불광출판부

138-844 서울 송파구 석촌동 160-1
대표전화   420-3200
편 집 부   420-3300
팩시밀리   420-3400

등록번호 제1-183호(1979. 10. 10)
ISBN 89-7479-856-5
홈페이지 www.bulkwang.org
이메일 webmaster@bulkwang.org

값 5,000원